westermann

Roland Lötzerich, Peter-J. Schneider

exakt!
Wirtschafts- und Sozialkunde

Arbeitsheft
mit Aufgaben zur Wiederholung
und Prüfungsvorbereitung

5. Auflage

Bestellnummer 235591

Die in diesem Produkt gemachten Angaben zu Unternehmen (Namen, Internet- und E-Mail-Adressen, Handelsregistereintragungen, Bankverbindungen, Steuer-, Telefon- und Faxnummern und alle weiteren Angaben) sind i. d. R. fiktiv, d. h., sie stehen in keinem Zusammenhang mit einem real existierenden Unternehmen in der dargestellten oder einer ähnlichen Form. Dies gilt auch für alle Kunden, Lieferanten und sonstigen Geschäftspartner der Unternehmen wie z. B. Kreditinstitute, Versicherungsunternehmen und andere Dienstleistungsunternehmen. Ausschließlich zum Zwecke der Authentizität werden die Namen real existierender Unternehmen und z. B. im Fall von Kreditinstituten auch deren IBANs und BICs verwendet.

Zusatzmaterialien zu „exakt! Wirtschafts- und Sozialkunde. Arbeitsheft“

Für Lehrerinnen und Lehrer

Lösungen zum Arbeitsheft: 978-3-14-235593-1
Lösungen zum Arbeitsheft Download: 978-3-14-235592-4

Die Seiten dieses Arbeitshefts bestehen zu 100 % aus Altpapier.

Damit tragen wir dazu bei, dass Wald geschützt wird, Ressourcen geschont werden und der Einsatz von Chemikalien reduziert wird. Die Produktion eines Klassensatzes unserer Arbeitshefte aus reinem Altpapier spart durchschnittlich 12 Kilogramm Holz und 178 Liter Wasser, sie vermeidet 7 Kilogramm Abfall und reduziert den Ausstoß von Kohlendioxid im Vergleich zu einem Klassensatz aus Frischfaserpapier. Unser Recyclingpapier ist nach den Richtlinien des Blauen Engels zertifiziert.

Druck und Bindung: Westermann Druck GmbH, Georg-Westermann-Allee 66, 38104 Braunschweig

ISBN 978-3-14-**235591**-7

Liebe Auszubildende,

das vorliegende Arbeitsheft wendet sich an alle Auszubildenden in gewerblichen Ausbildungsberufen. Es orientiert sich an den drei von der KMK vorgegebenen Themenfeldern. Durch die Gestaltung universell einsetzbarer Arbeitsblätter ergänzt es die gesamte „exakt! Wirtschafts- und Sozialkunde"-Reihe. Im Einzelnen sind das:

- „exakt! Wirtschafts- und Sozialkunde für gewerblich-technische Ausbildungsberufe"
- „exakt! Wirtschafts- und Sozialkunde für Körperpflege-Berufe"
- „exakt! Wirtschafts- und Sozialkunde für das Lebensmittelhandwerk"
- „exakt! Wirtschafts- und Sozialkunde für das Hotel- und Gastgewerbe"

Jeweils am Ende eines Themenfeldes finden Sie Aufgaben zur Wiederholung und Prüfungsvorbereitung, mit denen Sie das erworbene Wissen auf vielfältige Weise wiederholen und vertiefen können.

Wir wünschen Ihnen viel Erfolg!

2024 Die Verfasser

Ausbildung in allen Bereichen

❶ In allen Bereichen einer Volkswirtschaft werden Jugendliche ausgebildet.
Tragen Sie jeweils drei Beispiele von Betrieben in die dafür vorgesehenen Felder ein.

Wirtschaftsbereiche

Primärer Wirtschaftsbereich

Betriebe	Beispiele		
Anbau- und Züchtungsbetriebe			
Abbaubetriebe			

Sekundärer Wirtschaftsbereich

Betriebe	Beispiele		
Industriebetriebe			
Handwerksbetriebe			

Tertiärer Wirtschaftsbereich

Betriebe	Beispiele		
Handelsbetriebe			
Transportbetriebe			
Bankbetriebe			
Versicherungsbetriebe			
sonstige Dienstleistungsbetriebe			

Das sollte man über den Berufsausbildungsvertrag wissen ...

❶ Beantworten Sie folgende Fragen.

1. Der Vertrag kommt zustande.	
Frage	**Antwort**
Wie muss er geschlossen werden?	
Wer muss bei minderjährigen Auszubildenden unterschreiben?	
Wer erhält ein Exemplar?	

2. Was steht im Ausbildungsvertrag?	
Frage	**Antwort**
Welche Angaben muss ein Ausbildungsvertrag mindestens enthalten?	

3. Sonstiges	
Frage	**Antwort**
Wie lang ist die Probezeit?	
Wo wird der Vertrag eingetragen?	
Wer muss für diese Eintragung sorgen?	
Wer überprüft die Richtigkeit und Vollständigkeit des Vertrages?	
Wo muss die Ausbildung zum Teil stattfinden, wenn der Betrieb nicht alle Möglichkeiten zur Ausbildung hat?	

Das Berufsbildungsgesetz

„Nur weil ich ab und zu mal zu spät komme, ist mein Meister richtig sauer auf mich. Na gut, die Maschinen säubere ich auch nicht jeden Abend. Sie werden am nächsten Tag ja sowieso wieder schmutzig.
Und ich würde ihm nicht zuhören, behauptet er, wenn er mir was erklärt. Dabei weiß er immer alles besser. Ich muss doch sehen, wie ich klarkomme, und nicht er. Ich hätte damit mehrfach gegen meine Pflichten verstoßen, daher wolle er mich jetzt rausschmeißen. Das kann er doch nicht, oder?“

❶ Prüfen Sie, gegen welche Pflichten der Auszubildende verstoßen hat, und tragen Sie diese ein.

Pflicht	Kurzbeschreibung: Auszubildende müssen ...

❷ Welche anderen Pflichten haben Auszubildende?

Pflicht	Kurzbeschreibung: Auszubildende müssen ...

❸ Wann kann eine Ausbilderin/ein Ausbilder einer/einem Auszubildenden kündigen?

Zeit	Bedingungen
In der Probezeit:	
Nach der Probezeit:	

❹ Begründen Sie, ob eine Auszubildende/ein Auszubildender wegen oben genannter Verfehlungen auch nach der Probezeit gekündigt werden kann.

„Lehrjahre sind keine Herrenjahre."

1 Bewerten Sie die jeweilige Karikatur mit ihrem Untertext. Nehmen Sie jeweils Stellung, welche Situation Ihrer Ansicht nach korrekt, welche übertrieben oder welche falsch wiedergegeben wird.

Viele Azubis beklagen sich über eine einseitige Ausbildung in den Betrieben ...

... und manchmal auch in den Berufsschulen.

Die Ausbilder/-innen beklagen sich dagegen über das ungehobelte Benehmen der Azubis ...

... und fordern mehr Rechte für die Ausbilder/-innen – so wie es früher einmal war.

Größere Rechte wollen die Ausbilder/-innen notfalls mit Druck durchsetzen!

Kennen Sie Ihre Rechte im Jugendarbeitsschutzgesetz?

❶ Das Jugendarbeitsschutzgesetz hilft den Jugendlichen in ihrer Berufsausbildung. Doch dies ist nur möglich, wenn diese auch ihre Rechte kennen.
Überprüfen Sie doch einmal Ihren Kenntnisstand: Kreuzen Sie bei den Aussagen jeweils „richtig (r)" oder „falsch (f)" an. Bei falschen Aussagen schreiben Sie die richtige Aussage in die dritte Spalte. Nehmen Sie notfalls das Gesetz (auch im Internet) zur Hilfe.

Nr.	Aussage	r	f	Richtige Lösung
1	Auszubildende sind für den Berufsschulunterricht freizustellen.			
2	Alle Jugendlichen dürfen insgesamt jeweils sechs Tage pro Woche beschäftigt werden.			
3	17-jährige Azubis haben mindestens 30 Tage Urlaub.			
4	Minderjährige Azubis müssen am zweiten Berufsschultag nach fünf Schulstunden nochmals in den Betrieb.			
5	Alle Jugendlichen dürfen von 06:00 Uhr bis 23:00 Uhr arbeiten.			
6	In Krankenhäusern, Gaststätten und Reparaturwerkstätten dürfen jugendliche Azubis an höchstens zwei Wochenenden im Monat beschäftigt werden.			
7	Nur zu Ausbildungszwecken dürfen Jugendliche über 16 Jahre mit Akkord- oder Fließbandarbeit beschäftigt werden.			
8	Ein Jahr nach Ausbildungsbeginn müssen sich Jugendliche einer ärztlichen Untersuchung unterziehen, um die gesundheitliche Eignung für den Beruf zu bestätigen.			
9	Liegt der Urlaub von jugendlichen Azubis außerhalb der Berufsschulferien, dann müssen sie in dieser Zeit auch nicht die Berufsschule besuchen.			
10	Berufsschüler/-innen dürfen Urlaub nehmen, wann sie wollen.			
11	Auch nach mehr als fünf Stunden Berufsschulbesuch müssen Azubis generell wieder in den Betrieb.			
12	Das Mindestalter für Beschäftigungen ist 14 Jahre.			
13	Wenn ein jugendlicher Azubi am Samstag arbeitet, erhält er den Tag, an dem sein zweiter Berufsschultag ist, als Ausgleich frei.			
14	Alle Jugendlichen dürfen auch in der Bearbeitung gefährlicher Stoffe ausgebildet werden.			
15	Das Jugendarbeitsschutzgesetz gilt auch für Auszubildende, die im letzten Jahr der Ausbildung 18 Jahre alt werden.			

Lernstruktur Berufsausbildung

❶ Füllen Sie mithilfe des Lehrbuchtextes die Lücken und entwickeln Sie so eine Lernstruktur.

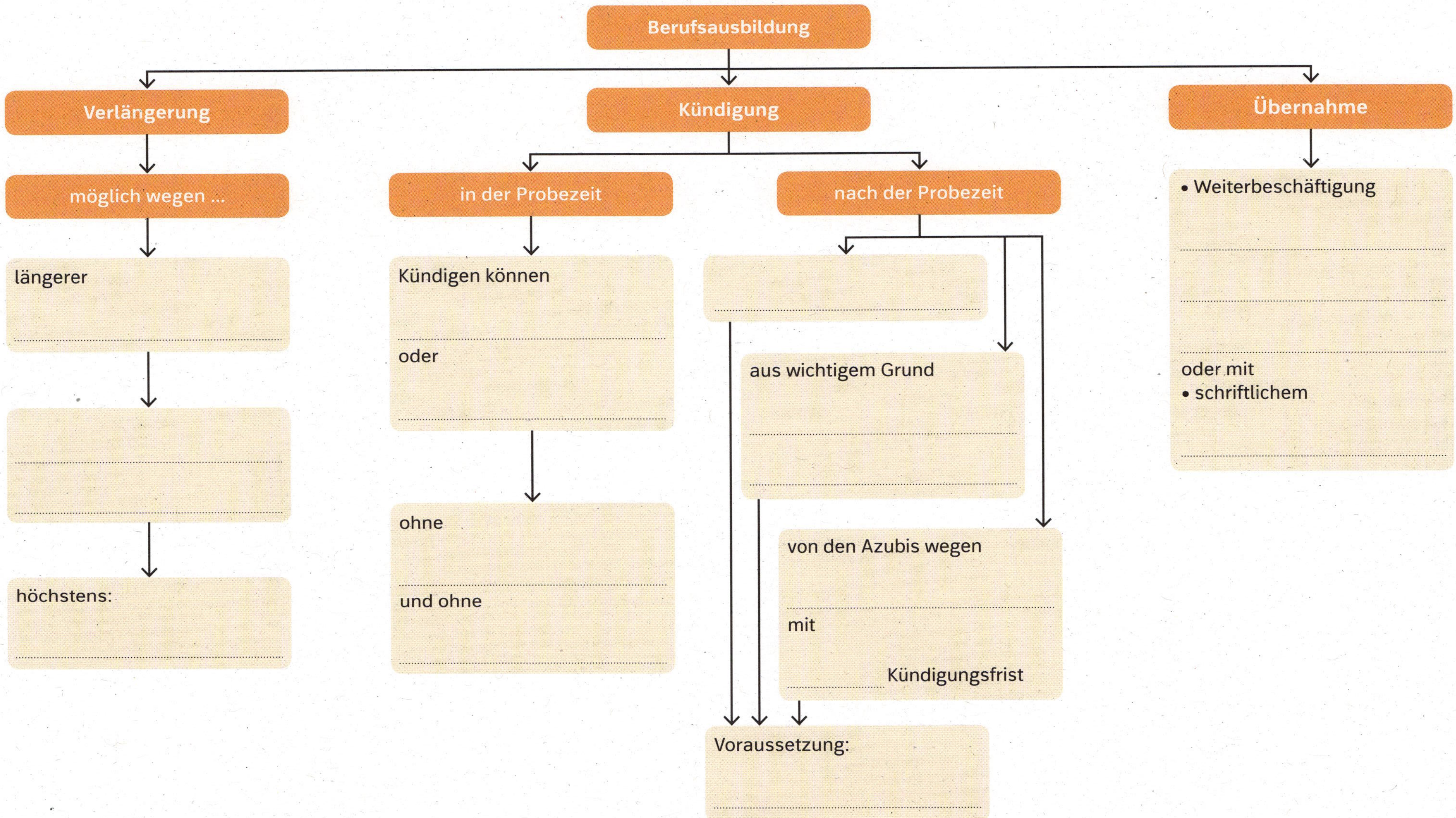

Jetzt ist Schluss: Beendigung der Ausbildung

❶ Ergänzen Sie in den Sätzen die fehlenden Worte.

1 Die Berufsausbildung endet mit dem Bestehen des .... Teils der Abschlussprüfung.

2 In der Probezeit können sowohl die Azubis als auch die Ausbildenden .... kündigen, ohne Angabe eines ....

3 Wenn die oder der Auszubildende die Abschlussprüfung nicht besteht, verlängert sich die Ausbildung automatisch bis zur nächsten Prüfung, höchstens aber um ....

4 Bei guten Leistungen kann die Ausbildung um ein halbes Jahr verkürzt werden. Hiermit muss aber die/der .... einverstanden sein.

5 Nach der Probezeit kann der Auszubildende mit einer Frist von .... kündigen, wenn er die Ausbildung .... will.

6 Will ein Auszubildender lediglich den Betrieb wechseln, seinen Ausbildungsberuf aber beibehalten, dann empfiehlt es sich, einen .... mit der oder dem Ausbildenden zu schließen. Diese oder dieser muss nämlich zustimmen, falls sie/er nicht grob gegen die .... verstoßen hat.

7 Aus wichtigem Grund kann der/dem Auszubildenden fristlos gekündigt werden. Es muss aber z. B. ...., grobe Beleidigung der Kundschaft oder der Mitarbeitenden oder Tätlichkeit gegen diese vorliegen.

8 Bei Arbeitsverweigerung, mehrfachem Zuspätkommen oder anderen Verstößen gegen die .... sowie „Schwänzen“ der .... usw. darf der oder dem Auszubildenden erst nach zweimaliger .... gekündigt werden.

9 Zwei Abmahnungen über .... Fehlverhalten führen nicht zur Kündigung. Das gilt auch, wenn die erste und zweite .... eine längere Zeit (ein Jahr) auseinanderliegen.

Formulierungen in Arbeitszeugnissen überprüfen

Ihr Arbeitszeugnis wird eine sehr wichtige Grundlage für spätere Bewerbungen sein. Daher ist es notwendig, dass man es auf versteckte Formulierungen untersucht.

❶ Überprüfen Sie nachfolgende Formulierungen und bewerten Sie die Aussage.

Formulierungen aus Zeugnissen	Ihre Bewertung
a) Dirk S. zeichnete sich besonders wegen seiner Pünktlichkeit aus.	
b) Claudia F. hat die ihr übertragenen Aufgaben stets zu unserer aller Zufriedenheit erledigt.	
c) Lars A. war bemüht, die ihm übertragenen Aufgaben zu erfüllen.	
d) Frau B. trug durch ihre Geselligkeit zur Verbesserung des Betriebsklimas bei.	
e) Meistens war er pünktlich.	
f) Er war immer mit Interesse bei der Sache.	

❷ Doppelt gemoppelt? Nein – benoten Sie doch einmal die nachfolgenden Aussagen aus Arbeitszeugnissen.

Formulierungen aus Zeugnissen	Ihre Note (von 1 bis 6)
a) Frau W. hat die ihr übertragenen Aufgaben stets zu unserer vollsten Zufriedenheit erledigt.	
b) Kai B. hat sich bemüht, die ihm übertragenen Arbeiten zu unserer Zufriedenheit zu erledigen.	
c) Larissa S. hat die ihr übertragenen Arbeiten zu unserer vollen Zufriedenheit und stets termingerecht erledigt.	
d) Sie zeigte von sich aus große Initiative und hohe Einsatzbereitschaft.	
e) Frau K. hat die ihr übertragenen Aufgaben meistens zu unserer Zufriedenheit erledigt.	
f) Seine Arbeitsweise und der Umgang in unserem Montageteam waren stets zufriedenstellend.	
g) Dank seiner schnellen Auffassungsgabe konnte Herr Klaus H. sich sofort in neue Aufgaben hineindenken. Er war zudem außerordentlich belastbar und auch stärkstem Arbeitsanfall jederzeit gewachsen.	

Ein Arbeitszeugnis über sich selbst verfassen

Zwei Gründe, warum Sie ein Arbeitszeugnis über sich selbst vorformulieren sollten.
Das kann Ihnen auch passieren:

- **Entweder: Die Chefin oder der Chef hat wenig Zeit.**
  Sie verlangen von Ihrer Chefin oder Ihrem Chef ein Arbeitszeugnis. Doch die oder der ist im Stress. Um sich die Arbeit zu erleichtern, lassen Vorgesetzte daher oftmals die Arbeitnehmenden zunächst selbst einen Zeugnisentwurf verfassen. Er dient dann als Vorlage. Manchmal wird er sogar auch übernommen.
- **Oder: Sie lehnen ein Arbeitszeugnis ab.**
  Beurteilt Sie Ihr Arbeitgeber bewusst schlecht, oder tut er dies einfach unwissend? Gerade in kleinen Betrieben bleibt wenig Zeit, sich über versteckte Klauseln in Arbeitszeugnissen zu informieren.
  Dann müssen Arbeitnehmer/-innen doppelt wachsam sein, wenn sie ihr Arbeitszeugnis prüfen. Es ist Ihr Recht, und dies sollten Sie auch unbedingt in Anspruch nehmen: Lehnen Sie ein schlechtes Arbeitszeugnis ab. Die Arbeitgeber wollen den Gang zum Arbeitsgericht meistens vermeiden und sind bereit, ein neues Zeugnis zu schreiben. Doch das kostet sie wertvolle Zeit. Daher lassen sich Arbeitgeber gern helfen, indem die Arbeitnehmer/-innen das Arbeitszeugnis vorformulieren.

Der Aufbau eines qualifizierten Arbeitszeugnisses
(Nicht alles muss auf Sie zutreffen und kann eventuell entfallen.)

Einleitung	Personalien, Dauer der Tätigkeit
Tätigkeitsbeschreibung	ausgeführte Arbeiten, Funktionen im Betrieb, Vollmachten, Verantwortungen, Spezialaufgaben
Leistungsbeurteilung	Leistungsbereitschaft (Einsatzwille), Arbeitsweise, Arbeitserfolg, selbstständiges Arbeiten, Fachkenntnisse, Weiterbildung, Zusammenfassung: Gesamtbewertung der Leistung
Führungsbeurteilung	Verhalten gegenüber Vorgesetzten, Kolleginnen/Kollegen, Kundschaft, Lieferbetrieben, Charakter, persönliches Auftreten
Schlusssatz	Weggang auf eigenen Wunsch, Bedauern über Weggang und Zukunftswünsche (ihr Fehlen wertet das Zeugnis ab)
Generelles	Da ein Zeugnis grundsätzlich wohlwollend zu formulieren ist, erkennt man ein sehr gutes bis gutes Arbeitszeugnis an der Nachdrücklichkeit, wie dieses beschrieben wird. Die Verwendung von Superlativen (wie z. B. größte, vollste, herausragend, außergewöhnlich) zeichnen eine sehr gute Beurteilung aus. Ein schlechtes Zeugnis erkennt man am Fehlen solcher Superlative.

1. Verfassen Sie ein Arbeitszeugnis über sich selbst. Bringen Sie Ihre Tätigkeitsschwerpunkte und Ihre Vorteile mit ein. Nehmen Sie lediglich positive Klauseln auf.

2. Vergleichen Sie die Arbeitszeugnisse in Ihrer Klasse und besprechen Sie diese.

Einen Arbeitsvertrag abschließen

❶ Tragen Sie die Pflichten für Arbeitgeber und Arbeitnehmer/-innen aus einem Arbeitsvertrag ein. Danach erklären Sie diese mündlich.

Pflichten aus einem geschlossenen Arbeitsvertrag für

Arbeitgeber	Arbeitnehmer/-innen

❷ Beantworten Sie folgende Fragen.

a) Wie können unbefristete Arbeitsverträge aufgehoben werden?	
b) Wie lange dürfen befristete Arbeitsverträge höchstens laufen?	
c) Wie oft dürfen befristete Arbeitsverträge verlängert werden?	
d) Wann endet ein zeitlich befristeter Arbeitsvertrag?	
e) Wann endet ein zweckgebundener befristeter Arbeitsvertrag?	
f) Was ist, wenn ein Vertrag dreimal verlängert wird?	

Arbeits- und Urlaubsgesetz

❶ Zeigen Sie die gegensätzlichen Vorstellungen des Ausbilders und des Auszubildenden im Dialog in der Blattmitte auf und beantworten Sie anschließend die Fragen.

Nr. 1	Fragen	Antworten
a)	Wie hoch ist die normale tägliche Arbeitszeit?	
b)	Auf wie viele Stunden kann sie verlängert werden?	
c)	Was gilt, wenn im Tarifvertrag weniger Arbeitsstunden festgelegt wurden?	
d)	Wie lang ist die Ruhezeit zwischen zwei Arbeitstagen mindestens?	
e)	Wie erfolgt der Ausgleich, wenn in Ausnahmefällen Mitarbeitende an Sonn- und Feiertagen arbeiten?	
f)	Wie viele Minuten Pause müssen bei 8-stündiger Arbeitszeit gewährt werden?	

Arbeitszeitgesetz

Bundesurlaubsgesetz

Nr. 2	Fragen	Antworten
a)	Wie hoch ist der gesetzliche Mindesturlaub?	
b)	In welchen Verträgen wird meist ein längerer Urlaub ausgehandelt?	
c)	Sind gesetzliche Feiertage, wenn sie in den Urlaub fallen, Urlaubstage?	
d)	Wer bestimmt den Zeitpunkt des Urlaubs?	

Das Mutterschutzgesetz

❶ Kathrin Vogel freut sich. Gestern hat sie erfahren, dass sie schwanger ist. Dass es ein Mutterschutzgesetz gibt, weiß sie natürlich. Aber da sind immer noch eine Menge Fragen, auf die sie noch keine Antworten hat. Versuchen Sie, ihr zu helfen.

1 Meinem Chef möchte ich meine Schwangerschaft noch nicht verraten. Kann es Nachteile für mich haben, wenn er das erst in vier Wochen erfährt?

2 Jeden Dienstag müssen wir 9,5 Stunden arbeiten, weil der Betrieb schon Freitagmittag schließt. Ändert sich für mich durch meine Schwangerschaft hierbei etwas?

3 Für Schwangere soll es zeitliche Beschäftigungsverbote geben. Wie sehen die aus?

4 Welche Auswirkungen hat meine Schwangerschaft auf die Ausstattung meines Arbeitsplatzes?

5 Wie lange bin ich eigentlich nach der Schwangerschaft unkündbar?

6 Für welchen Zeitraum kann ich Elternzeit beantragen? Kann das eigentlich auch mein Mann tun?

7 Elternzeit ist ja schön und gut. Aber bekomme ich in dieser Zeit Geld, und wie lange wird es gezahlt?

8 Meine Freundin ist auch schwanger und hat das bei einem Einstellungsgespräch verschwiegen. Welche Folgen kann das für sie haben?

Schwerbehindertenschutz

❶ Füllen Sie mithilfe des Lehrbuchtextes die Lücken und entwickeln Sie so eine Lernstruktur.

Schwerbehindertenschutz

gültig für ...

Personen mit einer Erwerbsminderung

von ....

Ziele:

....

....

....

....

besondere Bestimmungen

Bei Nichtberücksichtigung in einer Bewerbung

....

....

....

....

Beschäftigungspflicht:

Betriebe mit über .... Arbeitsplätzen müssen mindestens

.... Schwerbehinderte einstellen.

Einkommensteuer-

....

Bei über 6-monatiger Betriebszugehörigkeit muss

....

....

....

....

Zusatzurlaub von

....

.... Kfz-Steuern

Ermäßigung beim öffentlichen

....

....

Ausgleichsabgabe bei

....

....

Technischer Arbeitsschutz

❶ Füllen Sie mithilfe des Lehrbuchtextes die Lücken und entwickeln Sie so eine Lernstruktur.

	Technischer Arbeitsschutz
Ziele	Schutz von .... menschliche .... Erhaltung der ....
Kontrollorgane	staatliche ....
Gesetze	**Inhalte**
Arbeitsschutzgesetz	Arbeitgeber muss ....
Gefahrstoff-verordnung	Schutzmaßnahmen ....
Arbeitsstätten-verordnung	Ausstattung der ....
Baustellenverordnung	Senkung der ....
Bildschirmarbeits-verordnung	Schutzbestimmungen für ....
Produktsicherheits-gesetz	Arbeit nur an ....
Biostoffverordnung	Schutz vor ....
PSA-Benutzer-verordnung	Regelungen über ....

Wann ist das Arbeitsverhältnis zu Ende?

❶ Füllen Sie mithilfe des Lehrbuchtextes die Lücken und entwickeln Sie so eine Lernstruktur.

.... | ....

bei befristeten Arbeitsverträgen automatisch mit …

Beendigung des Arbeitsverhältnisses

bei unbefristeten Arbeitsverträgen …

durch .... | oder durch Kündigung

....

Weiterbeschäftigung unter ....

.... Kündigung

Wer kündigt?

Arbeitnehmer/-in

Kündigungsfrist von ....

Arbeitgeber

.... Kündigungsschutz

längere Kündigungsfristen gestaffelt nach ....

.... Kündigungsschutz

- gültig in Betrieben ....
- ....

....

....

ist nur .... möglich

Der Aufbau der Arbeitsgerichtsbarkeit

❶ Tragen Sie folgende Begriffe in die leeren Felder ein:
Urteil, Revision, Berufung, Bundesarbeitsgericht, Landesarbeitsgericht, Arbeitsgericht, erste Instanz, zweite Instanz, dritte Instanz

a ....

1 hauptamtliche/-r, 2 nebenamtliche Richter/-innen

b ....

Urteil

c ....

d ....

1 hauptamtliche/-r, 2 nebenamtliche Richter/-innen

e ....

....

f ....

g ....

3 hauptamtliche, 2 nebenamtliche Richter/-innen

h ....

❷ Beantworten Sie Fragen zur Güteverhandlung und tragen Sie Ihre Antworten in die Felder ein.

Güteverhandlung

a Welchen Zweck hat eine Güteverhandlung?

....

b Welche Personen nehmen an der Verhandlung teil?

....

c Was passiert, wenn eine gütliche Einigung nicht möglich ist?

....

d Welche Art von Streitfällen wird z. B. verhandelt?

....

e Wer übernimmt die Gerichtskosten?

....

Puzzle (Seite 1)

1 Suchen Sie für das nachfolgende Puzzle die jeweils fehlenden Teile mit den richtigen Begriffen. Tragen Sie die Lösungsbuchstaben in den entsprechenden Kreis ein. Wenn Sie die richtigen Zuordnungen gefunden haben, ergibt sich von oben nach unten gelesen ein Lösungswort aus dem Bereich der Handwerksorganisation. Die Puzzleteile finden Sie auf Seite 23.

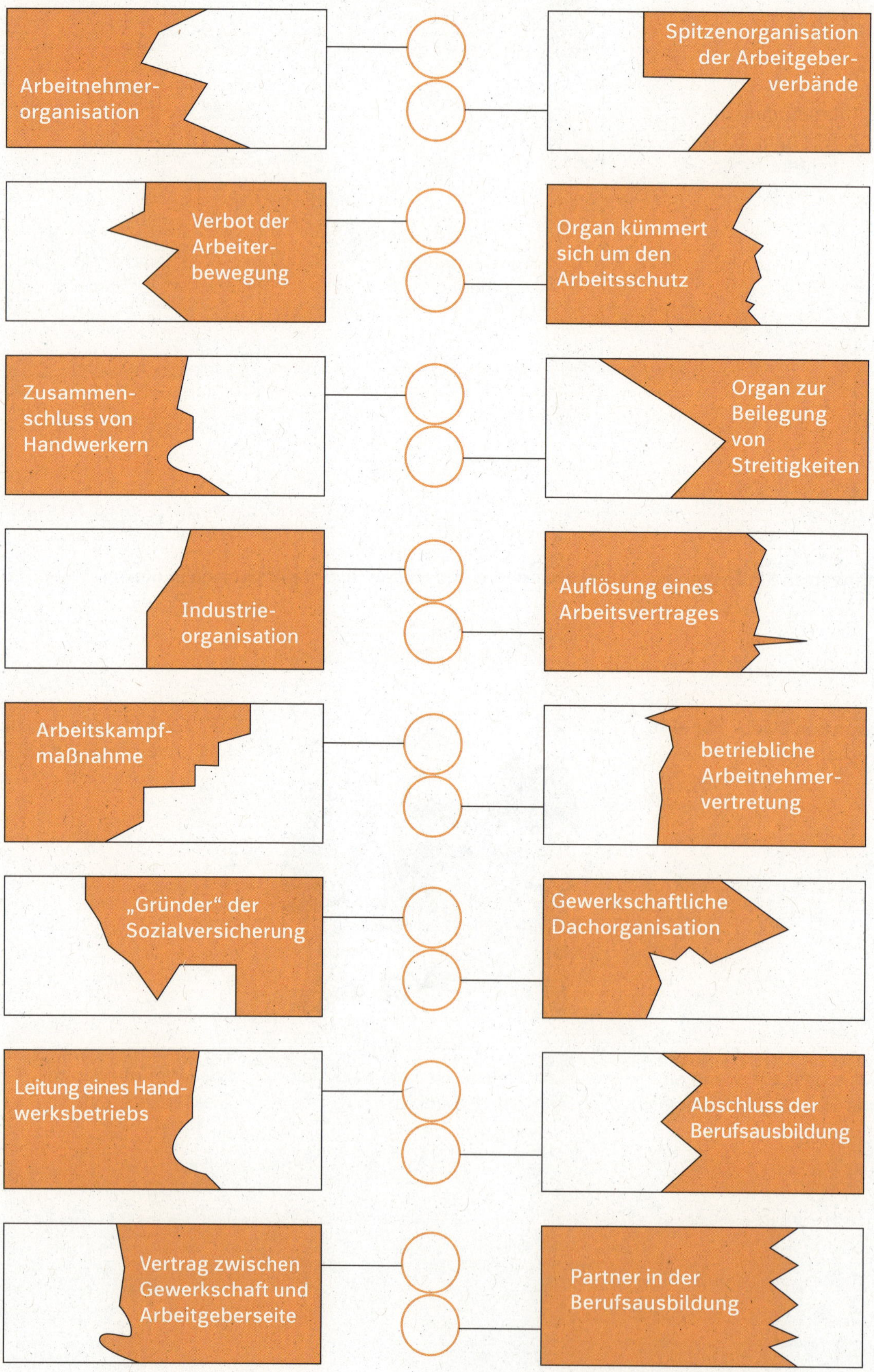

Puzzle (Seite 2)

1 Die dazugehörigen Puzzleteile:

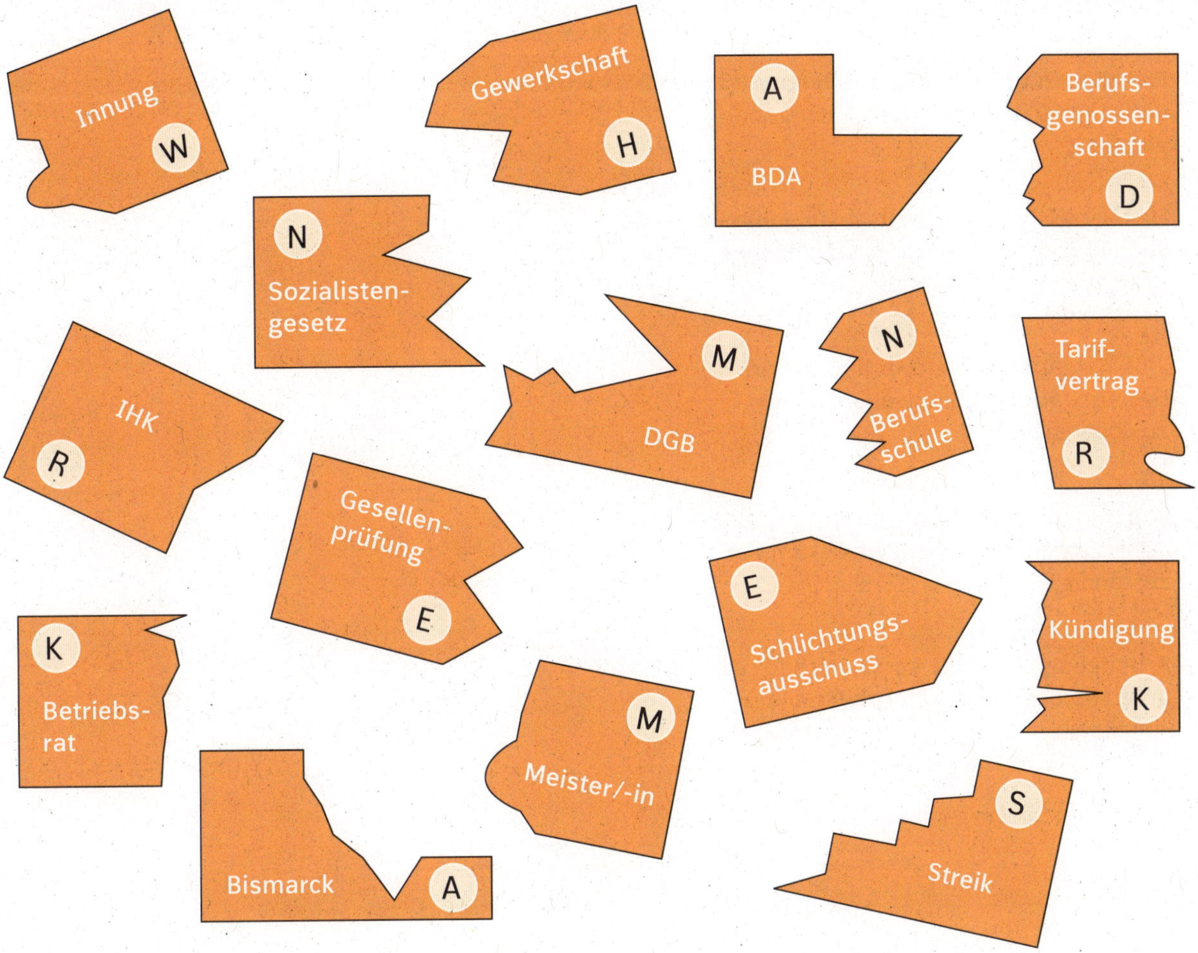

Kammern, Verbände, Gewerkschaften und Co.

2 Kreuzen Sie bei den folgenden Aussagen richtig (r) oder falsch (f) an.
Falsche Antworten sind jeweils zu verbessern.

Nr.	Aussage	r	f	Wie lautet die richtige Antwort?
1	Die Abkürzung IHK steht für Industrie- und Handwerkskammer.			
2	Arbeitgeberverbände sind häufig Verhandlungsparteien der Gewerkschaften bei Tarifverhandlungen.			
3	Eine Innung ist ein Zusammenschluss von Handwerkerinnen und Handwerkern unterschiedlicher Handwerksarten.			
4	Die Handwerksorganisation ist fachlich und regional gegliedert.			

Nr.	Aussage	r	f	Wie lautet die richtige Antwort?
5	Jeder/Jedem selbstständigen Gewerbetreibenden ist freigestellt, Mitglied der Handwerkskammer zu werden.			
6	Die Abkürzung BDA steht für Bundesvereinigung der Deutschen Arbeitgeberverbände.			
7	Das Verzeichnis der Berufsausbildungsverhältnisse wird von dem zuständigen Arbeitgeberverband geführt.			
8	Eine Aufgabe der Handwerkskammer besteht darin, die Berufsausbildung zu überwachen.			
9	Wer den Beruf der Bäckerin/des Bäckers lernt, für den ist die Handwerkskammer zuständig.			
10	Arbeitgeberverbände setzen sich für eine gerechte Bezahlung der Arbeitnehmer/-innen ein.			

3 Beantworten Sie Fragen zur Gewerkschaft.

Welche Aufgaben hat die Gewerkschaft in unserer Gesellschaft?

Welche sind die zwei mitgliederstärksten Gewerkschaften?	Wie heißt der größte Dachverband der Gewerkschaften?

Rund um das Tarifrecht

❶ In der folgenden Aufgabenstellung ist einiges durcheinandergeraten. Die Begriffe sind verrutscht, sie passen nicht zu den Erklärungen. Tragen Sie den Buchstaben in das richtige Rechteck des Erklärungsfeldes ein. Ermitteln Sie das Lösungswort. Es ist ein Begriff aus dem Tarifrecht (Achtung: Einige Buchstaben gibt es doppelt!).

Begriffe			Erklärungen
Tarifparteien	P		Bundesvereinigung der Deutschen Arbeitgeberverbände
Tarifautonomie	F		Sie sind die Arbeitgeberverbände für das Handwerk.
Haustarifverträge	S		Sie werden auch als Vergütungstarifverträge bezeichnet.
Erfüllungspflicht	N		Sie sind die Interessenvertretung der Arbeitnehmer/-innen.
Flächentarifverträge	H		Sie sind eine Art Empfehlung des Staates an die Tarifparteien.
Arbeitgeberverband	I		Bis ein neuer Tarifvertrag abgeschlossen wurde, sind die alten Vereinbarungen einzuhalten.
Orientierungsdaten	D		Die Tarifparteien müssen die im Tarifvertrag getroffenen Vereinbarungen auch wirklich erfüllen.
Bundestarifverträge	L		Sie gelten nur für eine bestimmte Firma.
Gewerkschaften	E		Sie bestehen aus Gewerkschaften, Arbeitgeberverbänden oder einzelnen Arbeitgebern.
Tarifkommission	C		Recht der Tarifpartner, Löhne und Arbeitsbedingungen in eigener Verantwortung zu vereinbaren
Landesinnungsverbände	R		Sie gelten für das gesamte Bundesgebiet.
DGB	T		Er ist der Interessenverband der Arbeitgeber.
Nachwirkung	E		Sie führt die Tarifverhandlungen mit der Arbeitgeberseite.
Lohn- und Gehaltstarifverträge	I		Sie sind Tarifverträge, die für bestimmte Regionen gelten.
BDA	F		Abkürzung für: Deutscher Gewerkschaftsbund

Lösungswort

Ablauf von Tarifverhandlungen

1. Das folgende Ablaufschema weist an verschiedenen Stellen Lücken auf. Ergänzen Sie bitte den Text und füllen Sie die Lücken.

Tarifverhandlungen zwischen

....

....

....

keine Einigung

Folge: Tarifverhandlungen werden für

....

....

erklärt.

Mögliche Folge:

....

....

....

wird beantragt.

Schlichtung

ist erfolgreich.

ist nicht erfolgreich.

Einigung

Zustimmung

Folge:

....

....

....

Folge:

....

Bedingung:

....

....

Mögliche Gegenmaßnahme der Arbeitgeberseite:

....

....

....

Folge:

....

....

Tarifparteien einigen sich

Folge:

....

Bedingung für das Ende des Streiks:

....

....

Der Betriebsrat (1)

❶ Bei diesem Arbeitsblatt geht es um die Arbeit und die Rechte des Betriebsrats. Ergänzen Sie bitte die Textlücken und füllen Sie die freien Felder aus.

Beispiele:

....

....

....

....

Betriebsrat hat hierbei ...

....

....

....

....

soziale Angelegenheiten

Betriebsrat hat hierbei ...

....

....

....

Betriebsrat hat ...

....

....

....

personelle Angelegenheiten

Arbeit des Betriebsrats

allgemeine Angelegenheiten

Beispiele:

....

....

....

....

Beispiele:

....

....

....

....

Betriebsrat hat hierbei ...

....

....

....

....

wirtschaftliche Angelegenheiten

Beispiele:

....

....

....

....

Der Betriebsrat (2)

2 Beurteilen Sie mithilfe des Betriebsverfassungsgesetzes die nachstehenden Aufgaben zu den Betriebsratswahlen der Wellform AG.

Auszug aus dem Betriebsverfassungsgesetz (BetrVG)

§ 1 Errichtung von Betriebsräten. (1) In Betrieben mit in der Regel mindestens fünf ständigen wahlberechtigten Arbeitnehmern, von denen drei wählbar sind, werden Betriebsräte gewählt. [...]

§ 7 Wahlberechtigung. Wahlberechtigt sind alle Arbeitnehmer des Betriebs, die das 18. Lebensjahr vollendet haben. [...]

§ 8 Wählbarkeit. (1) Wählbar sind alle Wahlberechtigten, die sechs Monate dem Betrieb angehören [...]

§ 9 Zahl der Betriebsratsmitglieder. Der Betriebsrat besteht in Betrieben mit der Regel

5 bis 20	wahlberechtigten	Arbeitnehmern	aus einer Person
21 bis 50	wahlberechtigten	Arbeitnehmern	aus 3 Mitgliedern
51 wahlberechtigten Arbeitnehmern bis		100 Arbeitnehmern	aus 5 Mitgliedern
101 bis 200	wahlberechtigten	Arbeitnehmern	aus 7 Mitgliedern [...]

§ 15 Zusammensetzung nach Beschäftigungsarten und Geschlechtern. (1) Der Betriebsrat soll sich möglichst aus Arbeitnehmern der einzelnen Organisationsbereiche und der verschiedenen Beschäftigungsarten der im Betrieb tätigen Arbeitnehmer zusammensetzen. (2) Das Geschlecht, das in der Belegschaft in der Minderheit ist, muss mindestens entsprechend seinem zahlenmäßigen Verhältnis im Betriebsrat vertreten sein, wenn dieser aus mindestens drei Mitgliedern besteht.

a Welche Bedingungen müssen erfüllt sein, damit überhaupt ein Betriebsrat gewählt werden kann?

....

....

....

b Welche Arbeitnehmer in der Wellform AG sind wahlberechtigt?

....

....

....

c Markus März ist seit drei Monaten in der Wellform AG beschäftigt. Er möchte sich in den Betriebsrat wählen lassen. Ist dies zulässig?

....

....

....

d Die Wellform AG hat 180 Beschäftigte. Wie viele Mitglieder sollte der Betriebsrat haben?

....

....

....

e Die Anzahl der weiblichen Beschäftigten beträgt 62. Wie viele Frauen sollten im Betriebsrat vertreten sein?

....

....

f Von den 180 Beschäftigten sind 60 Angestellte und 120 Arbeiter/-innen. Machen Sie einen Vorschlag, wie sich dieses Verhältnis auf die Zusammensetzung des Betriebsrats auswirken sollte.

....

....

Gründung einer JAV in der Wellform AG

„Eine Jugend- und Auszubildendenvertretung muss her", war die einhellige Meinung der Auszubildenden in der Wellform AG, einem großen Friseurunternehmen, zu dem 18 Friseursalons mit einem hochpreisigen Leistungs- und Produktangebot gehören. Gefasst hatte man den Entschluss bei einem Treffen aller Auszubildenden in Hamburg, dem Verwaltungssitz der Wellform AG. Die Personalleitung hatte die 24 Auszubildenden eingeladen, weil des Öfteren in den letzten Monaten Klagen der Auszubildenden zu hören waren, die mit den Ausbildungsbedingungen in einzelnen Filialen sehr unzufrieden waren.

1 Bearbeiten Sie folgende Aufgaben zur Jugend- und Auszubildendenvertretung (JAV).

a) Nennen Sie drei Aufgaben der JAV.

b) Wer ist wählbar für die JAV?

c) Wer darf die JAV wählen?

d) Claudia Koch, eine Auszubildende im 1. Lehrjahr, interessiert sich für die Mitarbeit in der JAV. Gegenüber anderen Auszubildenden vertritt sie in einer Diskussion die Meinung: „Endlich soll es in der Wellform AG auch eine spezielle Interessenvertretung für Jugendliche geben, die von dem Betriebsrat unabhängig ist."
Nehmen Sie Stellung zu der Meinung von Claudia.

e) „Und was ist", so die Auszubildende Birgit Funke, „wenn der Betriebsrat mal einen Beschluss fasst, von dem die JAV meint, dass er gegen ihre Interessen verstößt?"

Mitbestimmungsmodelle

❶ Füllen Sie zum Thema „Mitbestimmung“ die freien Felder aus.

Mitbestimmung im Aufsichtsrat (Unternehmensmitbestimmung)

Mitbestimmungsmodelle

Unterscheidungs-merkmale	Betriebsverfassungs-gesetz von 1952	Mitbestimmungsgesetz von 1976
Unternehmens-formen		
Anzahl der Beschäftigten		
Zusammensetzung des Aufsichtsrats		
Zusammensetzung des Vorstands		

Weiterbildung

Um auf der Straße des beruflichen Erfolgs voranzukommen, ist Weiterbildung erforderlich. Hierdurch wird entschieden, wer sich zukünftig auf der beruflichen Überhol-, Normal- oder Standspur bewegen wird.

❶ Prüfen Sie, ob die folgenden Behauptungen zur Weiterbildung stimmen. Kreuzen Sie bei den folgenden Aussagen richtig (r) oder falsch (f) an. Ist die Behauptung falsch, so tragen Sie bitte die richtige Antwort in die rechte Spalte ein. Für jede Zeile, die stimmt, gibt es einen Punkt. Die Summe Ihrer Punkte sagt Ihnen, auf welcher Spur der beruflichen Erfolgsstraße Sie sich mit Ihrem Wissen befinden.

Nr.	Behauptung	r	f	Richtige Antwort
1	Wer besser qualifiziert ist, ist seltener arbeitslos.			
2	BAföG-Zahlungen können neben Studierenden auch Schüler/-innen bekommen.			
3	BAföG-Zahlungen werden immer als Zuschuss gewährt.			
4	Der Bedarf an Meisterinnen/Meistern und Technikerinnen/Technikern wird weiter zurückgehen.			
5	Für den beruflichen Erfolg sind die Schlüsselqualifikationen (z. B. Kooperationsfähigkeit) häufig wichtiger als das Fachwissen.			
6	Berufsausbildungsbeihilfe können nur Auszubildende erhalten.			
7	Die Abkürzung EQ steht für die Hilfe bei der betrieblichen Einstiegsqualifizierung.			
8	Bildungsausgaben sind steuerlich nicht absetzbar.			
9	Eine Ausbildung im Doppelpack wird immer beliebter: die Kombination von Studium und Berufsausbildung.			
10	Schon während der dualen Ausbildung lassen sich auch Zusatzqualifikationen erwerben.			
11	Wer eine neue Arbeitsstelle sucht oder sich beruflich verändern will, muss mobil sein.			

Überholspur	Normalspur	Standspur	Ihre Punktzahl
9–11 Punkte	5–8 Punkte	1–4 Punkte	

Rund um die Entgeltabrechnung

❶ Beantworten Sie die Fragen und ergänzen Sie die Seite zum Thema „Entgeltabrechnung" in Bezug auf die folgenden Fragen

a Der Bruttoverdienst abzüglich
- Lohnsteuer
- Solidaritätszuschlag
- Kirchensteuer

……………………

……………………

……………………

……………………

= Nettoverdienst ……………………

b Die Lohnsteuer ist eine besondere Form der

……………………

……………………

Sie bezieht sich auf Einkünfte aus

……………………

……………………

……………………

c Mitglieder der katholischen und der

……………………

Religionsgemeinschaften müssen

……………………

zahlen.
Der Regelsteuersatz beträgt

…………………… der

……………………

……………………

……………………

……………………

d Welche weiteren Abzüge vom Bruttoverdienst sind möglich?

……………………

……………………

……………………

……………………

……………………

……………………

e Der Solidaritätszuschlag wurde eingeführt, um den Aufbau in den

……………………

zu erleichtern. Er entfällt für viele ab 2021.

Er betrug ……………………

der ……………………

……………………

……………………

f Der Grundfreibetrag für Einkommensbezieher beträgt 11.604 €. Was bedeutet das für die Einkommensbezieher?

……………………

……………………

……………………

……………………

……………………

g Max ist Single.
In welcher Steuerklasse ist er?

……………………

……………………

……………………

……………………

……………………

h Nächstes Jahr will Max heiraten. Was ändert sich dann bei der Steuerklasse?

……………………

……………………

……………………

……………………

……………………

Der europäische Wirtschaftsraum

❶ Bearbeiten Sie die Aufgaben zum europäischen Wirtschaftsraum.

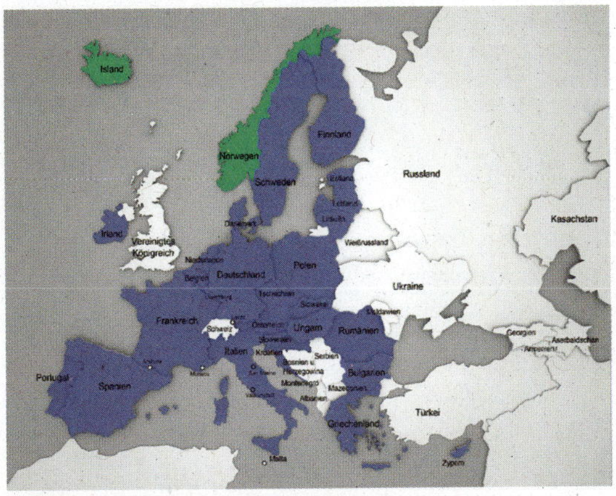

EFTA-Mitgliedstaaten (ohne die Schweiz)
27 EU-Mitgliedstaaten

Nennen Sie vier der Länder, die zu den Gründungsmitgliedern der EU (damals EWG) gehören:

....
....
....
....

Welches Land hat die EU im Jahr 2020 verlassen?

....
....
....
....

Nennen Sie drei Länder, die zum europäischen Wirtschaftsraum gehören, aber keine Mitglieder der EU sind.

....
....
....
....

Welche Vorteile bietet die Staatengemeinschaft der EU für Arbeitnehmer/-innen?	Unternehmer/-innen?
....	....
....	....
....	....
....	....

Ergänzen Sie:

In § 2 Abs. 3 .... ist ausdrücklich festgehalten: „Teile der Berufsausbildung können im Ausland durchgeführt werden, wenn dies dem .... dient. Ihre Gesamtdauer soll ein .... der in der .... festgelegten Ausbildungszeit nicht überschreiten.“

Der europäische Arbeitsmarkt

Sven Reiter war skeptisch: Was wird mich wohl an meinem Arbeitsplatz in Frankreich erwarten? Rückblickend sagt er: „Meine Aufgabe war es, defekte Platinen an Analysegeräten zu reparieren. Zunächst habe ich eigentlich nur zugeschaut, aber die Kolleginnen und Kollegen waren unheimlich hilfsbereit und erklärten sehr viel, sodass ich zum Schluss selbstständig arbeiten konnte. Aber nicht nur das: Auch sprachlich bin ich gut vorangekommen."

1 Beantworten Sie die nachfolgenden Fragen zum europäischen Arbeitsmarkt.

a) Die wichtigsten Anlaufstellen für die Beratung und Vermittlung zum Thema „Arbeiten in Europa" sind die ZAV der Bundesagentur für Arbeit und das EURES-Netzwerk. Für was stehen die Abkürzungen?

....

b) Nennen Sie vier Teile des Informationsangebots der ZAV.

c) Vor einigen Jahren wurde für die Länder der EU der Europass eingeführt.
Aus welchen fünf Dokumenten besteht der Europass?

d) Um bestimmte soziale Rechte in den Mitgliedstaaten der EU zu gewährleisten, wurde die europäische Sozialcharta beschlossen.
Nennen Sie fünf Rechte, die Bestandteil der Sozialcharta sind. Recht auf ...

e) Für die Absicht, in Ländern der EU zu arbeiten, spielt der Name „Erasmus+" eine wichtige Rolle. Für was steht der Name?

....

....

....

Aufgaben zur Wiederholung und Prüfungsvorbereitung

1 Selina, 16 Jahre, beginnt nach dem Hauptschulabschluss am 01.08. eine Ausbildung in einem Handwerksbetrieb. Inhaberin ist Rita Müller.

① Wie muss der Berufsausbildungsvertrag abgeschlossen werden?

a) ☐ mündlich zwischen Selina, deren Eltern und Frau Müller
b) ☐ per Handschlag zwischen Selina und Frau Müller
c) ☐ schriftlich mit einem Vertrag
d) ☐ per E-Mail

② Wann muss ein Berufsausbildungsvertrag spätestens abgeschlossen werden?

a) ☐ vor Beginn der Ausbildung
b) ☐ vor Ablauf der Probezeit
c) ☐ direkt nach Ablauf der Probezeit
d) ☐ innerhalb des ersten Ausbildungsjahres

③ Wer muss den Berufsausbildungsvertrag unterschreiben?

a) ☐ Rita Müller und Selina
b) ☐ Rita Müller, Selina und eine Erziehungsberechtigte oder ein Erziehungsberechtigter
c) ☐ Rita Müller, Selina und die Handwerkskammer
d) ☐ Rita Müller, Selina, die Handwerkskammer und der Innungsmeister

④ Im Berufsbildungsgesetz werden die Rechte und die Pflichten für Auszubildende geregelt. Welche Pflicht hat Selina danach nicht?

a) ☐ den Arbeitsplatz sauberhalten
b) ☐ die Berufsschule besuchen
c) ☐ an überbetrieblichen Lehrgängen teilnehmen
d) ☐ das Frühstück für die Arbeitskollegen herrichten und dafür einkaufen

⑤ Was ist keine Pflicht der Ausbilderin?

a) ☐ einmal wöchentlich zusammen mit Selina das Berichtsheft ausfüllen
b) ☐ für Berufsschulbesuch und Prüfungen Selina von der Arbeit freistellen
c) ☐ den tarifvertraglich oder gesetzlich festgelegten Urlaub gewähren und die Ausbildungsvergütung bezahlen
d) ☐ nach Beendigung der Ausbildung ein Arbeitszeugnis ausstellen

⑥ Wie lang ist die Probezeit in der Ausbildung höchstens?

a) ☐ einen Monat
b) ☐ drei Monate
c) ☐ vier Monate
d) ☐ sechs Monate

Aufgaben zur Wiederholung und Prüfungsvorbereitung

① Der Ausbildungsvertrag von Selina endet am 31.08.2024. Am 18.06.2024 besteht sie mit dem zweiten Teil ihre Abschlussprüfung und erhält eine vorläufige Bescheinigung über die bestandene Gesellenprüfung. Sie wird in ein unbeschränktes Arbeitsverhältnis übernommen. Ab wann erhält sie den Gesellenlohn?

a) ☐ 01.09.2024

b) ☐ 01.07.2024

c) ☐ 18.06.2024

d) ☐ 19.06.2024

2 Eine werdende Mutter ist verpflichtet, ...

a) ☐ ... sich an die Betriebsordnung (Arbeitsbeginn und Pausen) zu halten.

b) ☐ ... schwere körperliche Arbeit zu verrichten.

c) ☐ ... überwiegend stehende Arbeiten zu verrichten.

d) ☐ ... pünktlich zur Arbeit zu erscheinen.

3 Für wen gilt das Jugendarbeitsschutzgesetz?

a) ☐ für die 16-jährige Selina (1. Ausbildungsjahr) und die 19-jährige Carla (3. Ausbildungsjahr)

b) ☐ für Auszubildende über 14 Jahre und unter 18 Jahren

c) ☐ für den 13-jährigen Sven und die 16-jährige Selina

d) ☐ für alle Auszubildenden bis zum 21. Lebensjahr

4 Ein Arbeitgeber zahlt zum zweiten Mal den Lohn nicht. Wie können Arbeitnehmende hier kündigen?

a) ☐ fristlos

b) ☐ erst nach zweimaliger Abmahnung

c) ☐ mit vier Wochen Kündigungsfrist zum Monatsende

d) ☐ mit Änderungskündigung oder im beiderseitigen Einvernehmen

5 Wie lang darf die Probezeit nach bestandener Ausbildung höchstens sein?

a) ☐ sechs Wochen

b) ☐ bei direkter Übernahme keine Probezeit, da ja schon drei Jahre Ausbildung absolviert wurden

c) ☐ acht Wochen

d) ☐ sechs Monate

6 Einer Auszubildenden soll nach Ablauf der Probezeit fristlos gekündigt werden. Welcher der nachfolgenden Gründe wird Erfolg haben?

a) ☐ Die Auszubildende ist längere Zeit erkrankt.

b) ☐ Durch ein Missgeschick verschüttet eine Auszubildende Farbe auf das teure Lederkostüm einer Kundin.

c) ☐ Die Auszubildende hat mehrfach Betriebsartikel gestohlen.

d) ☐ Die Auszubildende weigert sich, die Kinder der Chefin zu beaufsichtigen.

Aufgaben zur Wiederholung und Prüfungsvorbereitung

7 Gabi und Klaus erwarten ihr erstes Kind. Sie planen, beide nacheinander die Elternzeit in Anspruch zu nehmen. Wer muss dieser Maßnahme zustimmen?

a) ☐ beide Arbeitgeber

b) ☐ sowohl der Arbeitgeber als auch der Betriebsrat

c) ☐ nur die werdende Mutter

d) ☐ beide Elternteile

8 Der 17-jährige Lars ist im zweiten Ausbildungsjahr. Seine Berufsschultage sind dienstags in jeder Woche (sechs Schulstunden) und mittwochs 14-täglich jeweils vier Schulstunden. Begründen Sie, an welchen Tagen Lars nach der Berufsschule in den Betrieb muss und wie die Stunden angerechnet werden.

....

....

....

....

9 Ausbildende haben folgende Pflichten gegenüber ihren Auszubildenden:

....

....

10 Zählen Sie mindestens fünf Pflichten der Auszubildenden auf.

....

....

....

11 Ein Auszubildender stellt ...

a) ... nach acht Wochen fest, dass er sich doch nicht für diesen Beruf eignet. Welche Möglichkeit hat er (kurze Begründung)?

....

b) ... nach zwei Jahren fest, dass ihm die Ausbildung keinen Spaß macht. Welche Möglichkeit hat er (kurze Begründung)?

....

....

Aufgaben zur Wiederholung und Prüfungsvorbereitung

12 Wer entscheidet letztlich bei Rechtsstreitigkeiten wegen einer Kündigung?

a) ☐ Arbeitgeber
b) ☐ Arbeitsgericht
c) ☐ Sozialgericht
d) ☐ Betriebsrat

13 Was bedeutet die Abkürzung DGB?

a) ☐ Dachverband des Gewerkschaftsbundes
b) ☐ Deutsche Gewerkschaftsbank
c) ☐ Deutscher Gewerkschaftsbund
d) ☐ Deutsches Gesetzbuch

14 Welcher Sachverhalt kann Inhalt eines Arbeitsvertrages sein?

a) ☐ Beitragshöhe zur Krankenversicherung
b) ☐ Anzahl der Urlaubstage
c) ☐ Mutterschutzfristen für eine Schwangere
d) ☐ gesetzlicher Mindesturlaub von Jugendlichen

15 Sind Arbeitergeber und Arbeitnehmer/-in Mitglied einer Tarifgemeinschaft, so kann der Arbeitsvertrag für eine Arbeitnehmerin oder einen Arbeitnehmer ...

a) ☐ ... bessere Arbeitsbedingungen vorsehen.
b) ☐ ... sie/ihn auch schlechter stellen als tariflich vereinbart.
c) ☐ ... vorsehen, dass gesetzliche Schutzbestimmungen umgangen werden.
d) ☐ ... ausdrücklich auf die Einhaltung der tariflichen Vereinbarungen verzichten.

16 Wie lange ist ein Tarifvertrag gültig?

a) ☐ für unbestimmte Zeit
b) ☐ bis der Tarifvertrag gekündigt wird
c) ☐ jeweils für ein Jahr
d) ☐ bis er überholt ist

17 Wer gilt nach dem Betriebsverfassungsgesetz als Interessenvertretung der Arbeitnehmer/-innen?

a) ☐ die Geschäftsführung
b) ☐ der Betriebsrat
c) ☐ der DGB
d) ☐ die jeweilige Einzelgewerkschaft

18 Wo ist die Tarifautonomie geregelt?

a) ☐ im Bundesgesetzbuch
b) ☐ im Handelsgesetzbuch
c) ☐ im Grundgesetz
d) ☐ im Tarifvertragsgesetz

Aufgaben zur Wiederholung und Prüfungsvorbereitung

19 Was versteht man unter der tariflichen Friedenspflicht?

a) ☐ Pflicht der Arbeitgeberseite, auch sozial schlechter gestellte Arbeitnehmer/-innen zu beschäftigen

b) ☐ Pflicht der Arbeitgeberseite, streikende Arbeitnehmer/-innen nicht am Betreten des Betriebs zu hindern

c) ☐ Pflicht, Tarifverträge für alle Arbeitgeber und Arbeitnehmer/-innen anzuwenden

d) ☐ Pflicht, während der Laufzeit eines Tarifvertrages keine Kampfmaßnahmen durchzuführen

20 Welche Aussage über das Streikgeld ist richtig?

a) ☐ Alle Arbeitnehmer/-innen erhalten während des Streiks Streikgeld von der Gewerkschaft.

b) ☐ Streikgelder werden von der Bundesagentur für Arbeit während eines Streiks gezahlt.

c) ☐ Die Arbeitgeberseite ist verpflichtet, Streikgelder zu zahlen.

d) ☐ Gewerkschaftsmitglieder erhalten während des Streiks Streikgeld von der Gewerkschaft.

21 Was ist kein Bestandteil des Manteltarifvertrages?

a) ☐ Lohnerhöhung

b) ☐ Arbeitszeit

c) ☐ Urlaubsdauer

d) ☐ Urlaubsgeld

22 Tarifverträge werden zwischen den Tarifparteien abgeschlossen, damit nicht jede Arbeitnehmerin oder jeder Arbeitnehmer seine Arbeitsbedingungen einzeln aushandeln muss.

a) Wer sind die Tarifparteien?

....

....

b) Ein Tarifvertrag wird häufig für allgemeinverbindlich erklärt. Was bedeutet das?

....

....

c) Wie lange sind die Tarifvertragsparteien an den Tarifvertrag gebunden?

....

d) Was besagt der Grundsatz der Tarifautonomie?

....

....

Rund um die Sozialversicherung (1)

❶ Ergänzen Sie die Übersicht zur Beitragspflicht.

a Die Sozialversicherung besteht aus den Säulen ...

b Wer einem Beschäftigungsverhältnis nachgeht, ist sozialversicherungspflichtig.

Welche Ausnahmen gibt es?

....

....

c Die Höhe der Beiträge zur Sozialversicherung wird von der Beitragsbemessungsgrenze bestimmt (Ausnahme: gesetzliche Unfallversicherung).

Was ist damit gemeint?

....

❷ Welche Probleme der Rentenversicherung werden durch die beiden Karikaturen angesprochen?

Angesprochenes Problem:

....

....

Angesprochenes Problem:

....

....

Rund um die Sozialversicherung (2)

❸ Ergänzen Sie die fehlenden Angaben bei den jeweiligen Sozialversicherungsarten.
Hinweis: Nicht immer wird nach allen Informationen in der Tabelle gefragt.
Sie können dann auswählen, welche Angaben Sie in den Feldern vermerken.

Merkmale	Gesetzliche Krankenversicherung	Gesetzliche Rentenversicherung	Arbeitslosen-versicherung	Gesetzliche Pflege-versicherung	Gesetzliche Unfallversicherung
Leistungen der Sozial-versicherung	Förderung der Gesundheit	?	?	?	?
	?	Leistungen zur Rehabilitation	?	?	?
	?	?	?	Leistungen für häusliche Pflege	?
	?	?	Arbeitsbeschaf-fungsmaßnahmen	?	Maßnahmen zur Verhinderung von Arbeitsunfällen
Träger der Sozial-versicherung	?	Deutsche Knapp-schaft-Bahn-See	?	?	spezielle Versicherungsträger der Gebietskörper-schaften
	Allgemeine Ortskrankenkassen	?	?	private Krankenkassen	?
	?	–	–	–	–
	?	–	–	–	–
Mitglied der Sozial-versicherung	Arbeitnehmer/-innen	?	?	privat krankenversicherte Personen	?
	?	?	?	?	?
	?	–	Arbeiter/-innen	–	?
	?	?	?	–	alle Arbeitnehmer/ -innen
Finanzierung der Sozial-versicherung	7,3 % Arbeitgeberseite 7,3 % Arbeitnehmer/ -innen (Zusatzbeiträge)	?	?	?	?
	geringfügig Beschäftigte	–	–	– Allgemeine Beiträge: 3,4 % – Für Arbeitnehmer/-innen werden Beiträge nach der Anzahl der Kinder getroffen. – Beispiel: Mitglieder ohne Kinder bezahlen 4 % (Arbeitnehmeranteil 2,3 %).	–
	Auszubildende	–	–	–	–

Rund um die Sozialversicherung (3)

❹ Entscheiden Sie, welche Sozialversicherungsart jeweils durch die einzelnen Aussagen angesprochen wird. Tragen Sie die Nummer der Aussage in die richtige Tabelle ein.

Kranken-versicherung	Unfall-versicherung	Renten-versicherung	Arbeitslosen-versicherung	Pflege-versicherung

Nr.	Nr.	Nr.	Nr.	Nr.

Nr.	Aussagen zur Sozialversicherung
1	Ein Beschäftigter wird entlassen und erhält Arbeitslosengeld.
2	Eine Berufsgenossenschaft erlässt neue Unfallverhütungsvorschriften.
3	Eine Frau geht zur Krebsvorsorgeuntersuchung.
4	Einer Maurerin wird Wintergeld gezahlt.
5	Ein Rentner wird in einem Pflegeheim betreut.
6	Ein verunglückter Arbeiter erhält Verletztengeld.
7	Eine Autofahrerin verunglückt auf ihrem Weg zur Arbeit und wird ärztlich behandelt.
8	Für einen Arbeitslosen werden Trainingsmaßnahmen gezahlt, um seine Einstellungschancen zu verbessern.
9	Einer pflegebedürftigen Rentnerin wird ein Rollstuhl geliefert.
10	Ein Schulabgänger nimmt die Berufsberatung in Anspruch.
11	Ein gesundheitlich angeschlagener Facharbeiter erhält Erwerbsminderungsrente.
12	Wegen eines Unfalls am Urlaubsort muss eine Motorradfahrerin stationär behandelt werden.
13	Eine Arbeitskraft wird umgeschult, weil sie wegen einer Allergie nicht mehr arbeiten kann.
14	Die Versicherungsbeiträge müssen von der Arbeitgeberseite allein aufgebracht werden.
15	Der Beitragsanteil der Arbeitgeberseite wird eingefroren.
16	Versicherungsträger für Arbeiter/-innen und Angestellte ist die Deutsche Rentenversicherung Bund.
17	Weil es mit der finanziellen Situation der Versicherungen schlecht bestellt ist, sollen die Versicherten zusätzlich privat vorsorgen.
18	Um den Arbeitgeberanteil an der Versicherung zu finanzieren, wurde in den meisten Bundesländern ein Feiertag gestrichen.
19	Der Versicherungsträger ist die Bundesagentur für Arbeit.

Die gesetzliche Unfallversicherung

1 Fallstudie

Hanna Kaiser macht ihren Job gern. Seit einem halben Jahr arbeitet sie als Werkssanitäterin in der medizinischen Ambulanz der Maschinenbaufabrik Stanz GmbH. Es war letzten Montag, kurz nach Beginn der Frühschicht, als der Elektroinstallateur Thorsten S. zaghaft an die Tür klopfte und dann eintrat. Thorsten S. hatte Schnittwunden und Prellungen am linken Arm. Er gab an, dass er auf dem Weg von der Arbeit nach Hause mit seinem Fahrrad gestürzt sei. Während der Erstversorgung erzählte er weiter, dass er von der Schicht kommend noch schnell beim Supermarkt in der Friedrichstraße um die Ecke eine Fertigpizza und zwei Flaschen Cola eingekauft habe. Dann sei es halt passiert. Durch die blöde Tasche am Lenker habe er das Gleichgewicht beim Anhalten vor einem Zebrastreifen verloren und eine Rolle gedreht. Den linken Arm habe es dabei voll erwischt.

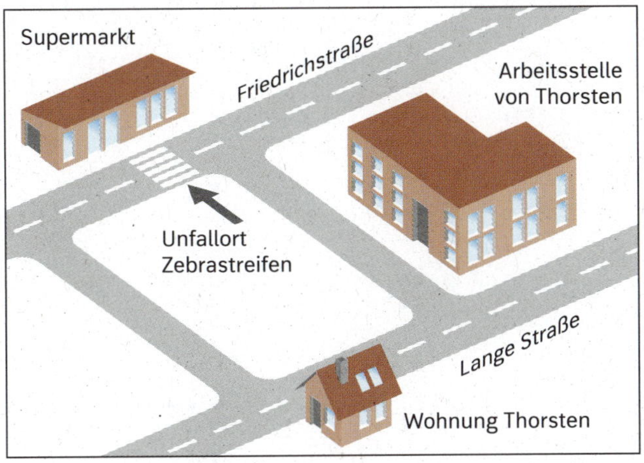

Für Hanna war es Routine, was jetzt zu tun war: Unfallanzeige ausfüllen, Unfallskizze anfertigen und alles an die Berufsgenossenschaft schicken.
Die Antwort der Berufsgenossenschaft ließ nicht lange auf sich warten: „... sehen uns leider nicht in der Lage, eine Leistungspflicht unsererseits anzuerkennen und weisen jeden Anspruch zurück."

„Immer wenn es ans Bezahlen geht, machen die Versicherungen Schwierigkeiten", war Hannas erster Kommentar. „Und außerdem spielt es doch gar keine Rolle, wer bezahlt. Einer muss es ohnehin tun!"

1. Welche Leistungen erbringt die Berufsgenossenschaft?
2. Diskutieren Sie in der Klasse das Antwortschreiben der Berufsgenossenschaft.
3. Ist es wirklich egal, wer in welchen Fällen zur Leistung verpflichtet ist?
4. Thorsten fühlt sich im Recht. Diskutieren Sie seine Meinung.

Lösung:

Silbenrätsel

❶ Lösen Sie das folgende Silbenrätsel.

1. Begründer der Sozialversicherung
2. Sammelbegriff für Versicherungen ohne Pflichtmitgliedschaft
3. Einrichtung zur Arbeitsvermittlung
4. Unterstützung für Arbeitslose
5. maßgebliches Kriterium für die Höhe der Unfallversicherungsbeiträge
6. Leistung der Pflegeversicherung
7. Sozialversicherungszweig
8. Träger der Unfallversicherung
9. Sozialversicherungszweig, bei dem der Arbeitgeber die Beiträge allein zahlt
10. Maßnahme zur Verbesserung der Arbeitsplatzchancen
11. Herzstück der Gesundheitsreform von 2009

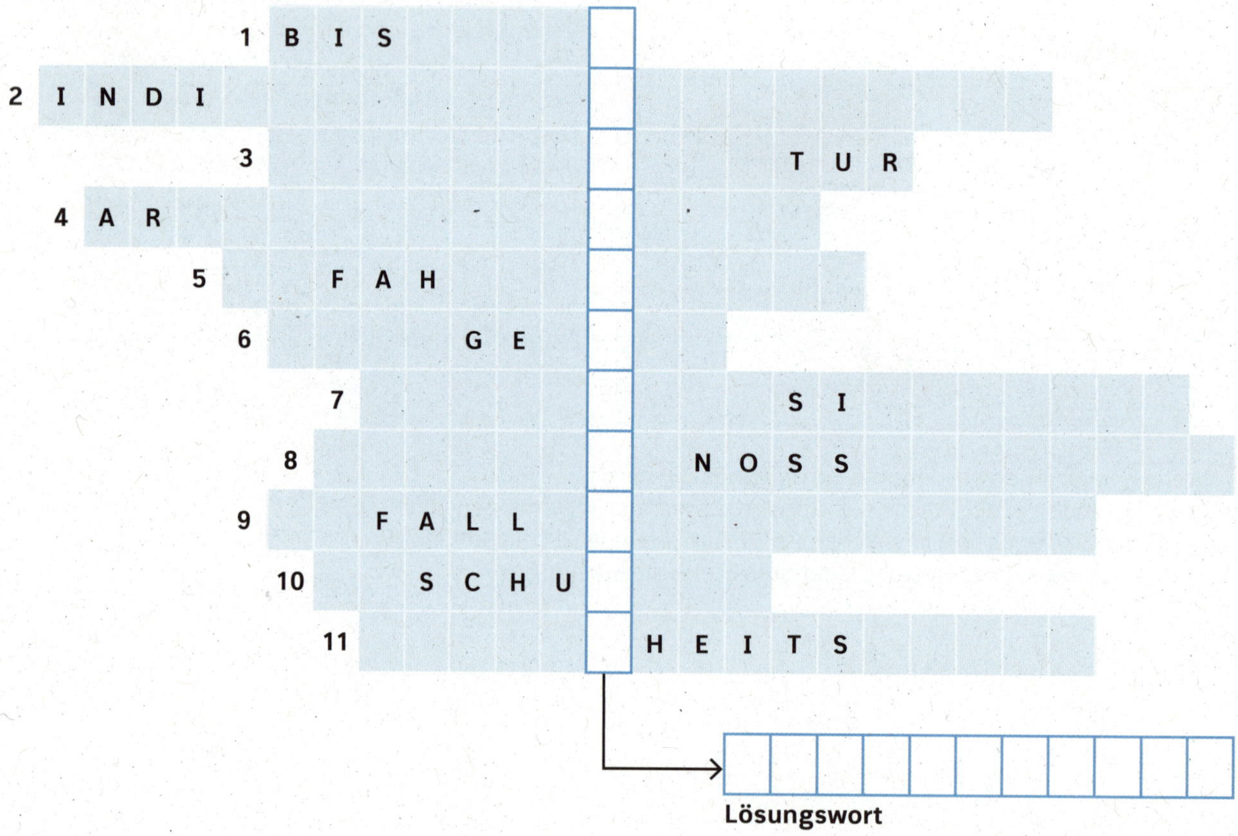

Silben: AGEN / AL / ~~AR~~ / AR / BE / BEITS / BEITS / ~~BIS~~ / CHE / ~~CHE~~ / CHE / ~~DI~~ / DU / ~~FAH~~ / ~~FALL~~ / FONDS / ~~GE~~ / GE / GE / GELD / GELD / ~~HEITS~~ / ~~IN~~ / KLAS / LO / LUNG / MARCK / ~~NOS~~ / PFLE / REN / REN / RUFS / RUNG / RUNG / RUNG / SCHAFT / ~~SCHU~~ / SE / SEN / SEN / ~~SI~~ / SI / SI / SUND / TEN / TUR / UM / UN / VER / VER / VER / VI

Welche Versicherung tritt ein?

1 Entscheiden Sie, welche Versicherungen für die unten beschriebenen Fälle zuständig sind. Ordnen Sie die Versicherungen der jeweiligen Versicherungsgruppe zu. Tragen Sie Ihre Antwort in die richtigen Felder ein.

Personenversicherungen

Nr.	Versicherungsart

Sachversicherungen

Nr.	Versicherungsart

Vermögensversicherungen

Nr.	Versicherungsart

Nr.	Versicherungsfälle
1	Franziska muss vorzeitig wegen Krankheit aus ihrem Beruf ausscheiden.
2	Sven war nur schnell was einkaufen, als er entdeckt, dass sein Auto gestohlen worden ist.
3	Karsten vergisst im Winter, vor seinem Haus zu streuen. Ein Fußgänger stürzt und bricht sich ein Bein.
4	Sina liegt als AOK-Mitglied in einem teuren Einbettzimmer des örtlichen Krankenhauses.
5	Rea hat vergessen, den Wasserhahn der Badewanne abzudrehen. Der Wasserschaden ist beträchtlich.
6	Jörg verursacht schuldhaft einen Unfall. Sein Beifahrer wird verletzt.
7	Bei Holger wurde eingebrochen. Drei wertvolle Teppiche hat der Dieb „mitgehen" lassen.
8	Hendrik hat einen Prozess verloren. Für Gerichts- und Anwaltskosten kommt ein ziemlich hohes Sümmchen zusammen.
9	Mehmed ist plötzlich erkrankt. Die gebuchte und schon bezahlte Urlaubsreise kann er nicht antreten.
10	Ludmilla selbst blieb unverletzt, als sie auf eisglatter Fahrbahn mit ihrem neuen Auto gegen einen Baum prallte und dabei einen großen Blechschaden verursachte.
11	Kathrin wurde ihr Reisegepäck aus dem verschlossenen Hotelzimmer gestohlen.
12	Kristin konnte selbst nichts mehr machen, als ihr Wochenendhaus nach einem Blitzschlag abbrannte.
13	Sascha hat vorgesorgt. An seinem 60. Geburtstag bekommt er eine größere Versicherungssumme als Zusatzrente ausgezahlt.

Aufgaben der Kfz-Versicherungen

1 Welche Kraftverkehrsversicherung wird für Tatjana wichtig?

Tatjana hat endlich ein eigenes Auto. Aber da ist noch die Frage der Versicherung. Welche Aufgaben haben die eigentlich alle? Tatjana kennt sich da nicht so gut aus. Helfen Sie ihr! Vermerken Sie die Aufgaben der einzelnen Kraftverkehrsversicherungen in den jeweiligen Kästchen.

Geben Sie Tatjana einen Rat. Welche Versicherungen sollte sie abschließen?

a Welche Aufgabe hat eine Insassenunfallversicherung?

b Welche Aufgabe hat die Teilkaskoversicherung?

c Welche Aufgabe hat die Haftpflichtversicherung?

d Welche Aufgabe hat die Vollkaskoversicherung?

e Zu welchen Versicherungen würden Sie Tatjana raten?

Was ist die Sozialgerichtsbarkeit?

❶ Ergänzen Sie die fehlenden Textzeilen zur Sozialgerichtsbarkeit.

Wofür ist die Sozialgerichtsbarkeit zuständig?

....

....

....

....

....

Ausgangspunkt des Rechtsstreits

Der Versicherungsträger fällt eine Entscheidung, mit der zum Beispiel ein

.... nicht einverstanden ist.

Der Versicherungsnehmer legt .... ein,

der abgelehnt wird. Die Sozialgerichtsbarkeit wird bemüht.

mögliche Folgen

Wie sieht der Instanzenaufbau der Sozialgerichtsbarkeit aus?

1. Instanz	....	
2. Instanz	....	
3. Instanz	....	

Berufung (1. Instanz → 2. Instanz)

Revision (2. Instanz → 3. Instanz)

Soziales Netz als Hängematte?

1 Die umfangreichen Sozialleistungen, die in Deutschland der Staat erbringt, werden zusammengefasst auch als das soziale Netz bezeichnet. Notieren Sie beispielhaft zehn Leistungsarten, die Bestandteil des sozialen Netzes sind.

Ausbildungsförderung

2 Der Generationenvertrag als Grundlage der Rentenversicherung ist ins Gerede gekommen. Das richtige Vertrauen in den Vertrag ist nicht mehr vorhanden.

a) Was versteht man unter einem Generationenvertrag?

b) Analysieren Sie die nachstehende Karikatur.
Versetzen Sie sich in die Rolle des Jugendlichen und formulieren Sie eine Antwort.

Welche Probleme gibt es bei den Sozialversicherungsarten?

❶ Nennen Sie jeweils Probleme bei den einzelnen Sozialversicherungsarten.

Arbeitslosenversicherung

Krankenversicherung

Rentenversicherung

Pflegeversicherung

❷ Nennen Sie Probleme in der sozialen Sicherung, die in der Karikatur angesprochen werden.

Problem 1

Problem 2

Problem 3

Geld anlegen – aber richtig!

❶ Helga Meifart hat 5.000,00 € geerbt und möchte sie anlegen. Beantworten Sie dazu die folgenden Fragen:

1. Welche sicheren Formen der Anlage können Sie Frau Meifart empfehlen?

2. Frau Meifart entscheidet sich zum Kauf von Aktien. Wo kann sie die Aktien erwerben?

3. Wo werden die Aktien gehandelt?

4. Wie und wo bildet sich der Kurs von Aktien?

5. Welches Risiko besteht beim Kauf von Aktien?

6. Welche Gewinnmöglichkeiten bietet eine Aktie?

Vermögenswirksame Leistungen (VL)

❶ Füllen Sie die Lücken im Text zum Thema „Vermögenswirksame Leistungen“ mit den folgenden Begriffen:

Steuererklärung | Staat | Anspardauer | Anlage im Unternehmen der Arbeitgeber | Bausparverträge | Sparzulage | Arbeitgeber | Sperrfrist | Probezeit | Arbeitnehmersparzulage | Heirat | Finanzamt

Zuschüsse im Rahmen der VL zahlt nicht nur der ...., sondern auch der ...., Er unterstützt die Vermögensbildung durch die .... Es gibt verschiedene Möglichkeiten, die VL-Gelder anzulegen. Anlagemöglichkeiten sind Investmentfonds, ... und .... Die .... von VL beträgt sechs Jahre. Danach besteht eine .... von einem Jahr. Im Allgemeinen werden VL an Auszubildende erst nach der .... gewährt. Beim .... müssen die Sparer/-innen jährlich ihre .... beantragen. Dazu wird die Anlage „VL“ zur .... verwendet. Eine vorzeitige Kündigung des Vertrages ist z. B. bei einer längeren Arbeitslosigkeit oder bei einer .... möglich.

❷ Ordnen Sie folgende Formen der Vermögensanlage. Welche gelten als eher sicher (S) und welche haben eher eine hohe Ertragschance (E)? Tragen Sie Ihre Entscheidung in die jeweiligen Kästchen ein.

....	Bausparvertrag	....	Rentenfonds
....	Rohstofffonds	....	Aktien
....	Sparbuch	....	Mischfonds
....	Termingeld	....	Lebensversicherung

Wer so im Alter leben will, der muss schon frühzeitig etwas für seine Rente tun

1 Beantworten Sie die Fragen zur Altersversorgung.

Worin besteht das Rentenproblem?

Welche Gründe haben zu dieser Entwicklung geführt?

Was bedeutet das Rentenproblem für die Einzelnen?

Für die Altersvorsorge gibt es das 3-Schichten-Modell. Wie heißen diese Schichten?

Welche bekannten Namen verbinden Sie mit der Altersvorsorge?

Alles dreht sich um den Lohn

1. Serina Jakob ist Filialleiterin in einem Friseursalon.

Welche Lohnform erhält sie?

2. Sandra Bohl arbeitet in einem Kosmetikstudio und ist am Umsatz beteiligt.

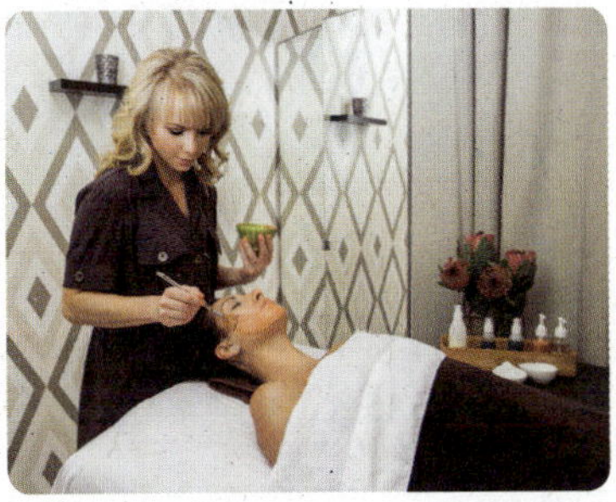

Welche Lohnform erhält sie?

3. Bernd Fuhrmann ist Fliesenleger in einem Handwerksbetrieb.

Welche Lohnform erhält er?

4. Aus welchen Gründen werden Prämien gezahlt?

5. Der Industriemechaniker Hasan Yildiz erhält einen Beteiligungslohn.

Was ist ein Beteiligungslohn?

6. Welche Vor- und Nachteile hat der Akkordlohn?

a) Vorteile:

b) Nachteile:

7. Wie heißen die Grundformen der Entlohnung?

Bei Steuerarten den Überblick behalten!

❶ Welche Steuern fließen in den folgenden Fällen (außer eventuellen Mehrwertsteuern) an den Staat? Tragen Sie den Namen der Steuerart in das jeweilige Kästchen ein.

a) Leon kauft sich eine Schachtel Zigaretten.
....

b) Heiko meldet sein Auto bei der Zulassungsstelle an.
....

c) Sven schließt eine Reiserücktrittversicherung ab.
....

d) Gisela erbt das große Vermögen ihres Onkels.
....

e) Lars bestellt ein Bier in der Disco.
....

f) Olga gehört eine schicke Eigentumswohnung.
....

g) Karsten meldet seinen Hund bei der Gemeinde an.
....

h) Ludmilla gönnt sich eine Tasse Kaffee in der „Guten Stube“.
....

i) Kathrin lässt bei ihrer Tankstelle „volltanken“.
....

j) Raschid kauft sich ein Baugrundstück.
....

❷ Tragen Sie jeweils ein Beispiel für die einzelne Steuerart in das zugehörige Kästchen ein.

Besitzsteuer
....

Verkehrsteuer
....

Verbrauchsteuer
....

direkte Steuer
....

Ländersteuer
....

Bundessteuer
....

Gemeindesteuer
....

Gemeinschaftsteuer
....

indirekte Steuer
....

Wer kann was vom Staat erhalten?

1 Kreuzen Sie bei den folgenden Aussagen richtig (r) oder falsch (f) an.
Wenn die Aussagen falsch sind, tragen Sie die richtigen Antworten ein.

Nr.	Aussage	r	f	Richtige Antwort
1	Transferleistungen sind quasi Geschenke des Staates an seine Bürger/-innen.			
2	Für Jugendliche, die noch in einem Ausbildungsverhältnis stehen, wird Kindergeld bis zum 25. Lebensjahr gezahlt.			
3	Durch das Elterngeld sollen die hohen Kosten für die Erziehung der Kinder ausgeglichen werden.			
4	Subventionen sind Transferleistungen an Unternehmen.			
5	Auch erwerbsfähige Personen ab dem 60. Lebensjahr können bereits Sozialhilfe erhalten.			
6	Wird Sozialhilfe verweigert, kann Klage vor dem Sozialgericht erhoben werden.			
7	Wohngeld kann immer nur von Mieterinnen und Mietern beansprucht werden.			
8	Das Kindergeld beträgt 250,00 € für jedes Kind.			
9	Der Antrag auf Kindergeld ist bei der Arbeitsagentur zu stellen.			
10	Junge Eltern, die beschäftigt sind, haben die Möglichkeit, eine berufliche Auszeit zu beantragen (Elternzeit).			
11	Kindergeld wird unabhängig von der Höhe des Einkommens gezahlt.			
12	Bei der „Hilfe zur Pflege" übernimmt das Sozialamt die Kosten für Arzneimittel.			

Karriereplanung

❶ Beantworten Sie die folgenden Fragen zur Karriereplanung.

Welche Karrierefaktoren können die Einzelnen beeinflussen?

....

....

....

....

....

....

....

Welche Karrierefaktoren können die Einzelnen kaum beeinflussen?

....

....

....

....

....

....

....

Welche Vorteile hat es für die Einzelnen, auf den Stufen der Karriere voranzukommen?

....

....

....

Finden Sie eine Überschrift zu der Karikatur oben.

Beispiele: ....

....

Familienplanung

❶ Beantworten Sie die folgenden Fragen zur Familienplanung.

Strukturwandel in der Familie

von der Großfamilie zur **Kleinfamilie**

Welche Ursachen hat der Strukturwandel?

....
....
....
....
....
....
....

Welche wirtschaftlichen und sozialen Folgen hat der Strukturwandel?

....
....
....
....
....
....

Richtig oder falsch?

❶ Bitte kreuzen Sie bei den folgenden Aussagen die richtigen Lösungen an und tragen Sie den dazugehörigen Lösungsbuchstaben in das untere Raster ein. Es ergibt sich dann ein Lösungswort.

1 Mädchen sind im Allgemeinen weniger fleißig und unflexibler als Jungen.

Ja B | Nein L

2 Kinder von Akademikerinnen und Akademikern haben es leichter als Arbeiterkinder, einen akademischen Abschluss zu erwerben.

Ja E | Nein H

3 Mädchen denken bei der Wahl ihres Ausbildungsberufs vor allem an ihre zukünftige Karriere.

Ja K | Nein B

4 Umso höher der Bildungsabschluss von Frauen ist, desto mehr Kinder haben sie auch.

Ja L | Nein E

5 Der Anteil von Ausländerkindern auf der Hauptschule ist besonders hoch.

Ja N | Nein O

6 Die geringe Durchlässigkeit im deutschen Schulsystem wirkt sich negativ auf die Karriere aus.

Ja S | Nein P

7 Im internationalen Vergleich scheitern relativ wenige Schülerinnen und Schüler im deutschen Schulsystem.

Ja R | Nein F

8 Steigende Rentenzahlungen und sinkende Rentenbeiträge sind eine der Folgen der geringen Kinderzahl in Deutschland.

Ja S | Nein O

9 Die Armut in den Familien hat in Deutschland in den letzten Jahrzehnten zugenommen.

Ja R | Nein D

10 Die Arbeitslosigkeit in Deutschland hat auf die Geburtenrate keinen Einfluss gehabt.

Ja F | Nein M

11 Leidtragende der Armut in Deutschland sind vor allem alleinerziehende Mütter.

Ja E | Nein K

12 Deutschland steht bei der Geburtenrate auf einem der hinteren Plätze im internationalen Vergleich.

Ja N | Nein E

Lösungswort

1	2	3	4	5	6	7	8	9	10	11	12

Rollenerwartung in Beruf und Familie (1)

1 Beantworten Sie die folgenden Fragen zur beruflichen Rollenerwartung.

Eine Studie zeigt deutlich: Erfüllte Rollenerwartungen machen zufriedener und steigern den Unternehmenserfolg.

Zufriedene Arbeitnehmer/-innen bedeuten mehr Erfolg für das Unternehmen

Laut einer Studie des Arbeitsministeriums ist die Zufriedenheit am Arbeitsplatz nicht zu unterschätzen. Sie schlägt sich mit sage und schreibe 30 % im Unternehmenserfolg nieder. Starke Belastungen und Stress hingegen wirken sich negativ auf die Arbeitsleistung aus.

Marktforschungsunternehmen haben herausgefunden, dass deutsche Unternehmen dieses Potenzial aus Arbeitnehmerzufriedenheit stark unterschätzen und damit zu wenig nutzen. Zufriedene Mitarbeiter/-innen sind motivierter und damit engagierter. Und nicht nur das: Sie sind stolz auf ihre Firma, identifizieren sich mit ihrem Arbeitsplatz – und steigern mit ihren Leistungen den Gewinn.

Unternehmen sind also schon aus eigenem Interesse gut beraten, die Motivation ihrer Mitarbeiter/-innen durch gute Arbeitsplatzbedingungen zu erhöhen.

Welche Rollenerwartungen haben Beschäftigte an ihr Unternehmen?	Welche Rollenerwartungen haben Vorgesetzte an ihre Mitarbeitenden?

Geben Sie in zwei Kernsätzen den Inhalt des Artikels wieder.

Wann kommt es zu Rollenkonflikten?

Nennen Sie ein Beispiel für einen Rollenkonflikt aus Ihrem beruflichen Tätigkeitsbereich.

Rollenerwartung in Beruf und Familie (2)

❷ Ergänzen Sie den Text und beantworten Sie die Fragen.

Rollenerwartung der Familie an die Arbeitsplatzgestaltung:

Das Arbeitsumfeld sollte so gestaltet sein …

dass .... + ... + ... miteinander zu vereinbaren sind.

Welche Ansatzpunkte gibt es für einen Betrieb, das Arbeitsumfeld familienfreundlich zu gestalten?

....

....

....

....

....

Welche Vorteile hat ein familiengerechtes Arbeitsumfeld für die Beschäftigten?

....

....

....

....

Welche Vorteile hat ein familiengerechtes Arbeitsumfeld für den Betrieb?

....

....

....

Aufgaben zur Wiederholung und Prüfungsvorbereitung

1 Wonach richtet sich die Beitragshöhe zur Kranken-, Pflege-, Renten- und Arbeitslosenversicherung?

a) ☐ Nettolohn
b) ☐ Lebensalter
c) ☐ Familienstand
d) ☐ Bruttolohn

2 Welche Personengruppe ist in der gesetzlichen Unfallversicherung nicht versichert?

a) ☐ Arbeiter/-innen auf dem Weg zur Arbeit
b) ☐ Lebensretter/-innen bei Hilfeleistungen
c) ☐ Hausfrauen und -männer beim Hausputz
d) ☐ Schüler/-innen in der Schule

3 Von wem werden die Sozialversicherungsbeiträge für die Auszubildende Carmen Klose abgeführt?

a) ☐ von der Arbeitnehmerin
b) ☐ von der Krankenkasse
c) ☐ von der jeweiligen Berufsgenossenschaft
d) ☐ vom Arbeitgeber

4 Wer zahlt für den Arbeitslosen Juri Schönbaum Krankenkassenbeiträge?

a) ☐ die Wohngemeinde
b) ☐ die Bundesagentur für Arbeit
c) ☐ das Sozialamt
d) ☐ sein früherer Arbeitgeber

5 Welches Gericht ist für Streitigkeiten in Bezug auf die Rentenversicherung zuständig?

a) ☐ Sozialgericht
b) ☐ Verwaltungsgericht
c) ☐ Amtsgericht
d) ☐ Arbeitsgericht

6 Welche der folgenden Leistungen werden nicht durch die gesetzliche Krankenversicherung gezahlt?

a) ☐ ärztlich verordnete Medikamente
b) ☐ Krankenhausaufenthalt
c) ☐ Vorsorgeuntersuchung
d) ☐ Beerdigungskosten

7 Wann zahlt die gesetzliche Unfallversicherung nicht?

a) ☐ Unfall der Friseurin Carmen Klose auf dem Nachhauseweg von ihrer Arbeitsstelle
b) ☐ Hautkrankheit durch den Umgang mit Haarfärbemitteln
c) ☐ Arbeitsunfall aufgrund von Alkoholkonsum
d) ☐ Umschulung wegen eines Arbeitsunfalls

Aufgaben zur Wiederholung und Prüfungsvorbereitung

8 Was zählt nicht zum Aufgabenbereich der Berufsgenossenschaft?

a) ☐ Überwachung der Betriebsordnung in den Arbeitsstätten
b) ☐ Erlass von Unfallverhütungsvorschriften
c) ☐ Kostenübernahme einer durch einen Arbeitsunfall notwendig gewordenen Heilbehandlung
d) ☐ Zahlung einer Umschulungsmaßnahme

9 Wer ist der Träger der Arbeitslosenversicherung?

a) ☐ Bundesministerium für Arbeit und Soziales
b) ☐ Bundesagentur für Arbeit
c) ☐ zuständige Berufsgenossenschaft
d) ☐ Allgemeine Ortskrankenkasse

10 Welche Beiträge werden einem Auszubildenden von seinem Bruttoeinkommen nicht abgezogen?

a) ☐ Beiträge zur Krankenversicherung
b) ☐ Beiträge zur Unfallversicherung
c) ☐ Beiträge zur Rentenversicherung
d) ☐ Beiträge zur Pflegeversicherung

11 Welche Einrichtung erlässt Unfallverhütungsvorschriften?

a) ☐ Technisches Überwachungsamt
b) ☐ Bundesarbeitsministerium
c) ☐ Gewerbeaufsichtsamt
d) ☐ zuständige Berufsgenossenschaft

12 Welche Sozialversicherung zahlt den Arbeitnehmerinnen und Arbeitnehmern ihr späteres Altersruhegeld?

a) ☐ Arbeitslosenversicherung
b) ☐ Lebensversicherung
c) ☐ Unfallversicherung
d) ☐ Rentenversicherung

13 Welche Aussage zur Rentenversicherung stimmt nicht?

a) ☐ Die Hälfte des Versicherungsbeitrags zahlt der Arbeitgeber.
b) ☐ Die Rentenversicherung verfügt über wenig finanzielle Reserven.
c) ☐ Die Rentenversicherung ist eine soziale Pflichtversicherung.
d) ☐ Träger der Rentenversicherung sind die Landesversicherungsanstalten.

14 Carmen Klose muss für einen verlorenen Prozess in einer Verkehrssache Anwalts- und Gerichtskosten in Höhe von 1.450,00 € zahlen. Welche Versicherung ist zuständig?

a) ☐ Kfz-Haftpflichtversicherung
b) ☐ Rechtsschutzversicherung
c) ☐ Hausratversicherung
d) ☐ Privathaftpflichtversicherung

Aufgaben zur Wiederholung und Prüfungsvorbereitung

15 Carmen Klose hat wirklich Pech. Ihr erst sechs Monate altes Fahrzeug wird ihr gestohlen. Welche Versicherung ist für die Regulierung des Schadens zuständig?

a) ☐ Vollkaskoversicherung
b) ☐ Diebstahlversicherung
c) ☐ Teilkaskoversicherung
d) ☐ Privathaftpflichtversicherung

16 Welche Entwicklung hat nichts mit dem aktuellen Rentenproblem zu tun?

a) ☐ Der Anteil der älteren Menschen wächst ständig.
b) ☐ Das Wirtschaftswachstum geht zurück.
c) ☐ Die Geburtenraten gehen zurück.
d) ☐ Die Rentenlaufzeiten werden länger.

17 Beim Lebensmitteleinkauf in der Mittagspause stolpert und stürzt Carmen Klose so unglücklich, dass sie sich verletzt. Wer trägt die Kosten für die Behandlung?

a) ☐ Unfallversicherung
b) ☐ Arbeitgeber
c) ☐ Carmen Klose privat
d) ☐ Krankenkasse

18 Für Carmen Klose ist die Pflegeversicherung ...

a) ☐ ... erst bei angegriffener Gesundheit eine Pflichtversicherung.
b) ☐ ... immer eine Pflichtversicherung.
c) ☐ ... eine freiwillige Versicherung.
d) ☐ ... erst ab dem 50. Lebensjahr eine Pflichtversicherung.

19 In der Sozialversicherung herrscht das Solidarprinzip. Was heißt das?

....

....

20 Holger Lange wurde arbeitslos. Die Bundesagentur für Arbeit weigert sich, die volle Höhe des Arbeitslosengeldes zu zahlen.

a) Was kann Holger dagegen unternehmen?

....

b) Holger entschließt sich, das Gericht einzuschalten. Welches Gericht ist zuständig?

....

c) Beschreiben Sie den Instanzenaufbau der zuständigen Gerichtsbarkeit.

....

Aufgaben zur Wiederholung und Prüfungsvorbereitung

21 Welche Aussage zum Kauf von Aktien als Vermögensanlage ist richtig?

a) ☐ Aktionäre erhalten eine Dividende.
b) ☐ Aktien sind eine sichere Form der Geldanlage.
c) ☐ Aktien werden bei der jeweiligen Gesellschaft gekauft.
d) ☐ Aktionärinnen sind Gläubiger einer Aktiengesellschaft.

22 Die frühzeitige finanzielle Vorsorge für das Alter ist für jeden Berufstätigen wichtig, weil ...

a) ☐ ... das Geld ständig an Wert verliert.
b) ☐ ... die finanziellen Ansprüche im Alter steigen.
c) ☐ ... die gesundheitlichen Probleme zunehmen.
d) ☐ ... die Rentenzahlungen langfristig noch weiter sinken.

23 Welcher Begriff passt nicht zu dem 3-Schichten-Modell der Altersversorgung?

a) ☐ Basisversorgung
b) ☐ Zusatzversorgung
c) ☐ Rentenversorgung
d) ☐ Kapitalanlageprodukt

24 Beim Akkordlohn ...

a) ☐ ... ist nur die erbrachte Menge für die Lohnhöhe entscheidend.
b) ☐ ... haben die Arbeitnehmer/-innen keinen Einfluss auf die Lohnhöhe.
c) ☐ ... ändern sich ständig die zugrunde liegenden Arbeitsgänge.
d) ☐ ... leiden die Arbeiter/-innen unter den ständigen Leistungskontrollen.

25 Ein Beispiel für Zeitlohn ist:

a) ☐ die Entlohnung eines Fliesenlegers
b) ☐ der Beteiligungslohn einer langjährigen Angestellten
c) ☐ der Prämienlohn eines Facharbeiters für Qualitätsarbeit
d) ☐ der Monatslohn einer Kosmetikerin

Sich mit betrieblichen Funktionen auskennen

1 Ein Tag wie viele andere beim Autohersteller Speedu AG. Tausende von betrieblichen Vorgängen finden statt, damit der Betrieb läuft. Einige von ihnen sind unten genannt. Ihre Aufgabe besteht darin, die einzelnen betrieblichen Vorgänge den jeweiligen Funktionen zuzuordnen. Tragen Sie die laufende Nummer des Vorgangs in das jeweilige Feld bei den Funktionen ein. Denken Sie daran, dass bei sehr vielen betrieblichen Vorgängen auch verwaltende Tätigkeiten dabei sind.

Produktion		
Nr.		

Absatz		
Nr.		

Lagerhaltung		
Nr.		

Personalwesen		
Nr.		

Beschaffung		
Nr.		

Finanzierung		
Nr.		

Nr.	Betriebliche Vorgänge beim Autohersteller Speedu AG (Auswahl)
1	Ein Fertigungsroboter wird repariert.
2	Ein Angebotsvergleich über die benötigten Autoradios wird durchgeführt.
3	Eine Werbeagentur entwirft den Verkaufsprospekt für den neuen Sportwagen.
4	Ein Bankdarlehen wird vorzeitig zurückgezahlt.
5	Der Sicherheitsbestand von Auspuffanlagen wird erhöht.
6	Die Löhne und Gehälter für die Mitarbeiter/-innen werden überwiesen.
7	Über eine Stellenanzeige wird ein weiterer Fertigungsingenieur gesucht.
8	Der Kapitalbedarf für eine weitere Produktionshalle wird ermittelt.
9	Die Präsentation des neuen Sportwagens auf der Automobilmesse wird organisiert.
10	Ein Urlaubsantrag wird bearbeitet.
11	In der Montageabteilung wird die Fertigung umgestellt.
12	Ein „Tag der offenen Tür" soll das Interesse für das Unternehmen und seine Produkte wecken.
13	Die Liquidität des Betriebs wird durch die Finanzabteilung überwacht.
14	Bei dem Modell „Sprint-Star" wird ein Facelifting beschlossen.
15	Eine Industriemesse wird besucht, um neue Bezugsquellen für Zulieferteile zu erschließen.
16	Der Abstellplatz für die fertigen Fahrzeuge wird erweitert.
17	Der Personalabteilung geht eine Personalanforderung aus dem Betrieb zu.
18	Die Bestände an Zulieferteilen werden überwacht.
19	Um finanzielle Mittel zu sparen, sollen Fertigungsmaschinen gemietet (geleast) und nicht gekauft werden.
20	Ein Sachbearbeiter wird angewiesen, die Bestände von Batterien zukünftig sorgfältiger zu kontrollieren.
21	Die Stoßstange eines Fahrzeugs wird auf einer Teststrecke überprüft.

Betriebliches Puzzle

❶ Suchen Sie für das nachfolgende Puzzle die jeweils fehlenden Teile mit den richtigen Begriffen. Wenn die Buchstaben in der richtigen Reihenfolge sind, erhalten Sie das Lösungswort.

hier Puzzleteile ansetzen

1	Abschnitt im Lebenszyklus eines Produkts:	◯
2	Finanzielle Mittel, für die keine Zinszahlungen fällig werden:	◯
3	Ziel der Finanzierung:	◯
4	Anderes Wort für Liquidität:	◯
5	Produkte werden zu Werbezwecken in die Handlung von Kino- und Fernsehfilmen eingebaut:	◯
6	Urlaubslisten werden hier geführt:	◯
7	Finanzierungsart, bei der Anlagegüter gemietet werden:	◯
8	Anderes Wort für Öffentlichkeitsarbeit:	◯
9	Beschaffung von Geldern:	◯
10	Alleiniger Anbieter von Waren:	◯

K Flüssigkeit

E Eigenkapital

W Reifephase

T Personalabteilung

E Monopolist

F Public Relations

R Liquidität

O Leasing

S Product-Placement

F Finanzierung

Betrieb ist nicht gleich Betrieb!

❶ Entscheiden Sie, um welche Betriebsart es sich bei den nachfolgenden Beispielen handelt.
Tragen Sie die Nummern in die jeweiligen Kästchen ein.

Industriebetriebe	Handwerksbetriebe	Handelsbetriebe	Sonstige Dienstleistungsbetriebe
Nr.	Nr.	Nr.	Nr.

1 Fitnesszentrum
2 Supermarkt
3 Bergwerk
4 Furnierwerk
5 Schreinerei
6 Augenoptiker
7 Sportgeschäft
8 Steinmetz
9 Hüttenwerk
10 Warenhaus
11 Textilfabrik
12 Bank
13 Steinbruch
14 Ferienhotel
15 Uhrenfachgeschäft
16 Zahnlabor
17 Werbeagentur
18 Fleischerei

❷ Die folgenden Aussagen betreffen Industrie- und Handwerksbetriebe.
Kreuzen Sie bei den Aussagen richtig (r) oder falsch (f) an.

Nr.	Aussage	r	f
1	In Handwerksbetrieben arbeiten auch viele angelernte und ungelernte Arbeitskräfte.		
2	Der Kontakt zu Kundinnen und Kunden ist in Industriebetrieben größer als in Handwerksbetrieben.		
3	Die Abteilungen Bestellwesen, Warenannahme und Werbung gehören zu den Einkaufsbereichen eines Industriebetriebs.		
4	In Industriebetrieben gibt es häufiger automatische Fertigungsanlagen als in Handwerksbetrieben.		
5	Es gibt viel mehr Handwerks- als Dienstleistungsbetriebe.		
6	Um den Absatz zu organisieren, gibt es in Industriebetrieben spezielle Abteilungen.		
7	Massenfertigung findet man nur in Industriebetrieben.		
8	Die meisten Handwerksbetriebe sowie Hotels und Gaststätten sind Gesellschaftsunternehmen.		
9	Die Meister/-innen in Handwerksbetrieben brauchen auch kaufmännische Kenntnisse.		
10	Für Industrie- und Handwerksbetriebe ist die gleiche Standesorganisation (Kammer) zuständig.		

Nicht alle haben die gleichen Ziele!

1 Ergänzen Sie die Übersicht.

Welche Ziele verfolgen …

… öffentliche Betriebe?	… privatwirtschaftliche Betriebe?	… Genossenschaften?
Hauptziel:	Hauptziel:	Hauptziel:
Weitere Ziele:	Weitere Ziele:	Weitere Ziele:
Beispiele für öffentliche Betriebe:	Beispiele für privatwirtschaftliche Betriebe:	Beispiele für Genossenschaften:

Wie werden Leistungsmaßstäbe ermittelt?

1 Ermitteln Sie die betrieblichen Leistungsmaßstäbe für den Fahrradhersteller Velo AG. Nehmen Sie die notwendigen Rechnungen vor und tragen Sie die fehlenden Inhalte in die jeweiligen Kästchen ein.

Velo-AG

Leistung (bewertet) = 180.000,00 €	Kosten = 90.000,00 €
Produktionsmenge = 600 Stück	Anzahl der Beschäftigten = 20
Gewinn = 19.200,00 €	eingesetztes Kapital = 240.000,00 €
Produktionsmenge = 600 Stück	eingesetztes Kapital = 240.000,00 €

Wirtschaftlichkeit

Formel	Rechnung

Arbeitsproduktivität

Formel	Rechnung

Rentabilität

Formel	Rechnung

Kapitalproduktivität

Formel	Rechnung

Ökonomisches Prinzip

Maximalprinzip

Inhalt	Beispiel

Minimalprinzip

Inhalt	Beispiel

Arten von Zusammenschlüssen

❶ Kreuzen Sie an, ob die wirtschaftliche und/oder die rechtliche Selbstständigkeit ganz oder teilweise bei den Unternehmungszusammenschlüssen verloren geht.

Art des Zusammenschlusses	Erklärung	Die wirtschaftliche Selbstständigkeit		Die rechtliche Selbstständigkeit	
		bleibt erhalten	geht ganz oder teilweise verloren	bleibt erhalten	geht verloren
Arbeitsgemeinschaft (Arge)	zeitweiliger Zusammenschluss verschiedener Unternehmen zur gemeinsamen Auftragsdurchführung				
Kartell	Vereinbarungen zwischen gleich- und verschiedenartigen Unternehmungen mit dem Zweck, den Wettbewerb zwischen ihnen zu beeinflussen				
Interessengemeinschaft	Zusammenschluss gleicher oder verschiedenartiger Unternehmen				
Konzern	Zusammenschluss verschiedener Unternehmen unter einheitlicher Leitung				
Trust	Verschmelzung verschiedener Unternehmen zu einem neuen Unternehmen				

Businessplan und Gründereigenschaften

Situation: Mark Rohde hat eine Geschäftsidee.
Er denkt an die Gründung eines Fahrradladens.

❶ Ergänzen Sie die Sätze zum Businessplan.

Welche Aufgabe hat der Businessplan?

- Er ist ein „Check-up“ der ....
- Er ist die „Eintrittskarte“ für die ....

❷ Welche Informationen aus dem Businessplan interessieren die Kapitalgeber?

Kapitalgeber interessieren

persönliche Eigenschaften der Gründungsperson, wie z. B.	wirtschaftliche Gegebenheiten, wie z. B.	rechtliche Rahmenbedingungen, wie z. B.
....	....	....
....	....	....
....	....	....
....	....	....

❸ Vielen, die sich selbstständig machen wollen, fehlen die notwendigen persönlichen Voraussetzungen bzw. Eigenschaften.

Nennen Sie die
a) Voraussetzungen, die für eine Existenzgründung unbedingt notwendig sind, und
b) Eigenschaften, die ausgesprochen hinderlich sind.

Voraussetzungen einer Existenzgründerin/eines Existenzgründers

a) Notwendige Voraussetzungen, wie z. B.	b) Hinderliche Eigenschaften, wie z. B.
....	....
....	....
....	....
....	....

Standortwahl

❶ Vervollständigen Sie die Übersicht zur Standortwahl.

Faktoren, die die Standortwahl beeinflussen:	Für welche Betriebe sind diese Faktoren wichtig?
Arbeitskräfte	
Absatzmöglichkeiten	
Rohstoffvorkommen	
Verkehrsverhältnisse	
landschaftliche und klimatische Gegebenheiten	

Standortfaktoren und noch mehr ...

1 Entscheiden Sie, welche Standortfaktoren für die Wahl eines Fahrradladens wichtig sind.

„Ich habe ihn schon gefunden", waren die Worte, mit denen Claudia Bach ihren Freund begrüßte, als der von seiner Arbeitsstelle nach Hause kam. Gemeint war der Standort für den geplanten Fahrradladen ihres Freunds. Sie begann, euphorisch zu erzählen, und es fielen Worte wie „ganz in der Nähe unserer Wohnung gelegen", „brauchen nicht umzuziehen", „am schönen Habichtswald gelegen" und „ruhige Lage mit wenig Verkehrslärm".

a) Beurteilen Sie die Meinung von Claudia Bach, der Freundin von Mark Rohde.

b) Nennen Sie Faktoren, die für die Standortwahl eines Fahrradladens Ihrer Meinung nach besonders wichtig sind.

Anmeldung des Unternehmens

1 Existenzgründer/-innen haben viele Formalitäten zu beachten. Sie müssen auch ihren Betrieb bei verschiedenen Stellen anmelden. Entscheiden Sie, welche Stellen das im Einzelnen sind.

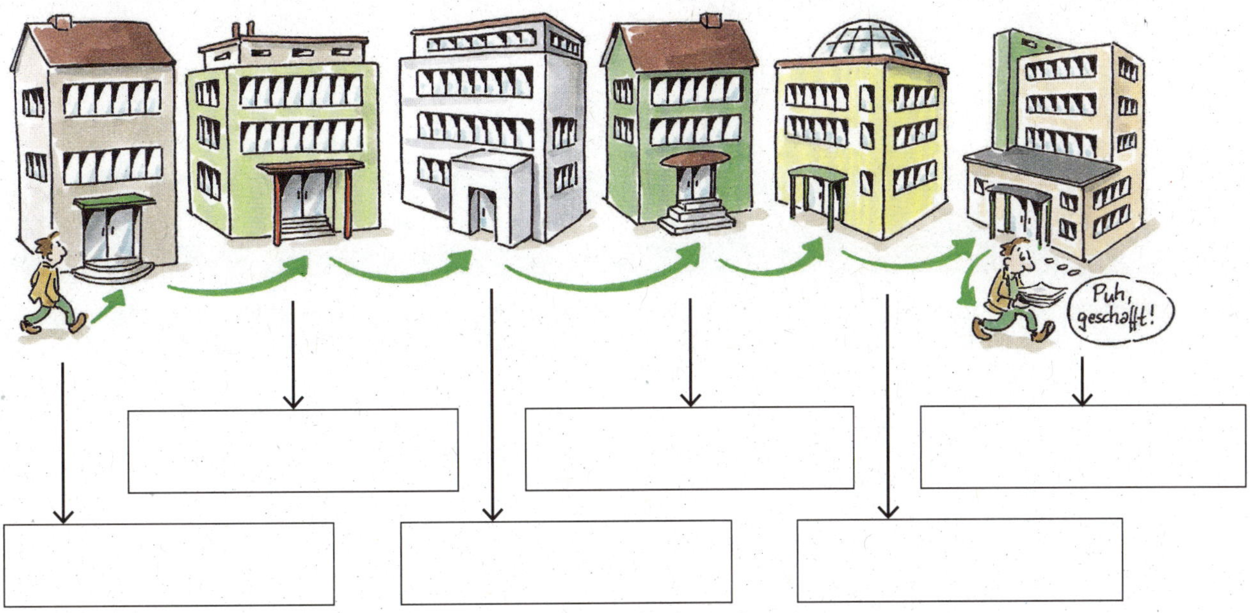

Finanzierung

1 Wer sich selbstständig machen will, benötigt eigene finanzielle Mittel.
Da diese im Allgemeinen nicht ausreichen, müssen die fehlenden Summen beschafft werden.

Woher kommen die finanziellen und sonstigen Mittel, die für eine Existenzgründung benötigt werden?

1. Möglichkeit → **Die Gründer/-innen selbst bringen eigene Mittel und Sacheinlagen in ihr Unternehmen ein.**

Nennen Sie hierzu Beispiele.

....

....

....

2. Möglichkeit → **Die Gründer/-innen beschaffen sich finanzielle Mittel.**

Nennen Sie drei Möglichkeiten der Kapitalbeschaffung.

....

....

....

3. Möglichkeit → **Die Gründer/-innen entscheiden sich dafür, benötigte Vermögensteile zu leasen.**

Erklären Sie, was leasen bedeutet.

....

....

....

Rechtsformen (Einzelunternehmung)

❶ Ergänzen Sie die Übersicht über das Gründungsverhalten von Mark Rohde.

Mark Rohde gründet eine Einzelunternehmung.

Das ist seine Firma:	So sieht seine Haftung aus:

Sonstige Merkmale:

Diese Vorteile hat eine Einzelunternehmung für ihn:	Diese Nachteile hat eine Einzelunternehmung für ihn:

Rechtsformen (Mini-GmbH)

Mark Rohde entschließt sich zur Gründung einer Mini-GmbH.

Wie lautet die offizielle Bezeichnung für die Mini-GmbH?

Wie sieht die Haftung für Mark aus?

Wie hoch ist die Mindesteinlage für Mark?

Was ist bei der Aufbringung der Mindesteinlage von Mark zu beachten?

Wie könnte die Firma von Mark lauten?

Wie hoch ist die Mindestzahl der Gründer/-innen einer Mini-GmbH?

Wo ist die Firma von Mark einzutragen?

Für welche Art von Unternehmen hat der Gesetzgeber die Bestimmungen über die Mini-GmbH geschaffen?

Mark ist am Träumen und teilt seiner Freundin mit: „Wenn ich dann nächstes Jahr einen schönen Gewinn erwirtschaftet habe, werde ich mir von dem ganzen Betrag erst einmal eine neue Wohnungseinrichtung kaufen. Das habe ich mir ja dann auch wirklich verdient."

Beurteilen Sie die Meinung von Mark aus der Sicht des Gesetzgebers.

Rechtsformen (OHG und KG)

❶ Vergleichen Sie die offene Handelsgesellschaft mit der Kommanditgesellschaft. Füllen Sie hierzu die freien Felder aus.

Personengesellschaften

OHG offene Handelsgesellschaft		KG Kommanditgesellschaft
	Teilhaber/-innen	
Alle Gesellschafter/-innen haften mit ihren Einlagen und ihrem gesamten Privatvermögen.	**Haftung**	
Personen-, Sach- oder Fantasiefirmen mit Rechtsformenzusatz offene Handelsgesellschaft bzw. OHG	**Firma**	
	Mitarbeit	
	gesetzliche Regelung	

Rechtsformen (AG)

❶ Beantworten Sie die Fragen zur Gründung einer Aktiengesellschaft.

Eine AG soll gegründet werden

Einem Ingenieur der Völker OHG, einer Fabrik für Naturbaustoffe, ist es gelungen, ein neuartiges Isoliermaterial mit besonders hohem Wärmedämmwert zu entwickeln. Bei einer der wöchentlichen Konferenzen diskutieren die zwei Gesellschafter Völker und Baumann darüber, ob man die Herstellung dieses auf Korkbasis beruhenden Dämmstoffes in das Produktionsprogramm aufnehmen sollte. Die Umsatzerwartungen werden recht hoch eingeschätzt. Allerdings ist ungewiss, wie das Kapital von ca. 600.000,00 € zum Kauf zusätzlicher Maschinen beschafft werden soll.

Als die mit Völker befreundeten Brüder Eugen und Karl Horstmann, die Inhaber einer Großhandlung für Baustoffe sind, von den Problemen hören, erklären sie sich grundsätzlich bereit, das benötigte Kapital zur Verfügung zu stellen. Da die Horstmanns ebenfalls die Verkaufsaussichten für dieses neuartige Material sehr positiv beurteilen, wollen sie eine endgültige Kapitalzusage nur dann geben, wenn sie auch am Gewinn beteiligt werden. An einer persönlichen Mitarbeit in einem Unternehmen haben sie kein Interesse. Sie schlagen daher die Umwandlung der bestehenden Gesellschaft in eine AG vor, eine Gesellschaftsform, die auch bei einer etwaigen späteren Erweiterung des Unternehmens die Kapitalbeschaffung durch die Ausgabe von Aktien erleichtern würde.

a) Warum benötigt die Fabrik zusätzliches Kapital?

....

....

b) Warum schlagen die Brüder Horstmann die Gründung einer AG vor?

....

....

c) Begründen Sie, ob eine andere Unternehmensform als die AG nicht denselben Zweck erfüllt hätte.

....

....

d) Welche persönlichen Gründe gibt es, warum die Brüder Horstmann zu einer AG raten?

....

e) Karl Horstmann schlägt als Bezeichnung der AG den Namen „Baustoffhandlung Gebr. Horstmann“ vor. Ist dies zulässig? Machen Sie ggf. andere Vorschläge.

....

....

f) Wie hoch muss das Grundkapital einer AG mindestens sein?

....

Kapitalbedarfs- und Rentabilitätsrechnung

1 Hatice Gül möchte sich selbstständig machen und einen Blumenladen eröffnen. Auf einem Seminar für Existenzgründer/-innen erfährt sie, dass sie eine Kapitalbedarfsrechnung erstellen muss.

Beantworten Sie hierzu folgende Fragen bzw. ergänzen Sie die Texte.

a Was soll durch die Kapitalbedarfsrechnung ermittelt werden?

....

....

....

....

....

b Für welche Personenkreise sind Kapitalbedarfsrechnungen wichtig?

....

....

....

....

....

c Wer bietet fachkundige Hilfe bei der Erstellung der Pläne?

....

....

....

....

....

d Nennen Sie vier Faktoren, von denen der Kapitalbedarf beeinflusst wird.

....

....

....

....

....

e Ergänzen Sie die Rechenschritte bei der Ermittlung des Kapitalbedarfs.

Gründungskosten:

....

....

....

....

= Kapitalbedarf gesamt

f Nehmen Sie an, Hatice hätte im ersten Geschäftsjahr Einnahmen in Höhe von 169.000,00 €, während sich die Ausgaben auf 205.000,00 € belaufen. Welche Gefahr würde für ihren Blumenladen dann bestehen?

....

....

....

....

....

Existenzgründung: im Dickicht wirtschaftlicher und rechtlicher Fragen

Situation: Für die gelernte Nageldesignerin Sandra Meier steht der Entschluss fest. Nachdem sie eine kleine Erbschaft gemacht hat, will sie ein Nagelstudio eröffnen. Helfen Sie ihr, sich in dem Dickicht der wirtschaftlichen und rechtlichen Fragen zurechtzufinden. (Es ist jeweils nur eine Antwort richtig.)

1. Sandra muss einen Businessplan erstellen. Er enthält Angaben über ...
   - a) ... die Geschäftsidee.
   - b) ... ihre persönlichen Vorlieben.
   - c) ... ihre familiären Beziehungen.
   - d) ... ihre aktuelle Urlaubsplanung.

2. Für Sandra und ihre Kapitalgeber ist es sehr wichtig, dass sie sich ein richtiges Bild macht von dem Markt, auf dem sie ihre Leistungen anbieten will. Welche Informationen benötigt sie, um eine Markteinschätzung vorzunehmen?
   - a) öffentliche Fördermittel
   - b) Kaufkraft der Kundinnen und Kunden
   - c) Parkmöglichkeiten
   - d) Kapitalbedarf

3. Sandra muss einen geeigneten Standort finden. Dieser sollte ...
   - a) ... Autobahnanbindung haben.
   - b) ... schön gelegen sein.
   - c) ... ohne Konkurrenzbetriebe sein.
   - d) ... Freizeiteinrichtungen haben.

4. Sandra muss ihr Nagelstudio nach der Gründung wo anmelden?
   - a) beim Arbeitgeberverband
   - b) bei der Industrie- und Handelskammer
   - c) bei der Polizeibehörde
   - d) beim Gewerbeamt

5. Sandra plant, auch einiges an Eigenkapital einzusetzen. Hierbei handelt es sich um Gelder ...
   - a) ... aus ihrem Sparguthaben.
   - b) ... von ihrem Freund.
   - c) ... aus einem öffentlichen Förderprogramm.
   - d) ... von Lieferbetrieben.

6. Ihre Studioeinrichtung möchte Sandra teilweise leasen. Leasen bedeutet so viel wie:
   - a) mieten
   - b) finanzieren
   - c) kaufen
   - d) pachten

7. Sandra überlegt sich, eine Einzelunternehmung zu gründen. Ein wesentlicher Vorteil dieser Unternehmungsform ist:
   - a) geringes Geschäftsrisiko
   - b) keine Teilung des Gewinns
   - c) geringes Mindestkapital
   - d) keine Besteuerung des Umsatzes

8. Einen passenden Geschäftsnamen muss Sandra auch finden. Gefallen würden ihr folgende Namen:
   - a) Meiers Beautyservice e. K.
   - b) Meiers Wellnesspoint.
   - c) S. Meier Nails & More e. K.
   - d) Meiers Kosmetik GmbH.

9. An der Einzelunternehmung stört Sandra die persönliche Haftung für Schulden. Als Alternative für ihren Friseursalon kommt deshalb infrage:
   - a) offene Handelsgesellschaft
   - b) Kommanditgesellschaft
   - c) Genossenschaft
   - d) Mini-GmbH

Die Rolle der Verbraucherinnen und Verbraucher

1 Füllen Sie die Gleichung:

	+		=	Bedarf

2 Nennen Sie jeweils drei Beispiele zu den einzelnen Bedürfnisarten.

Existenzbedürfnisse	
Kulturbedürfnisse	
Luxusbedürfnisse	
Individualbedürfnisse	
Kollektivbedürfnisse	
immaterielle Bedürfnisse	
materielle Bedürfnisse	

3 Erklären Sie kurz, wer in einer Marktwirtschaft die Wirtschaft steuern kann.

Achtung vor Haustürgeschäften, Kaffeefahrten, Verkaufspartys ...

❶ Füllen Sie mithilfe des Lehrbuchtextes die Lücken und entwickeln Sie so eine Lernstruktur.

Besonderer Verbraucherschutz bei Haustür- und ähnlichen Geschäften

Die Bestimmungen gelten für

Käufe ...

Rechte der Käuferinnen und Käufer

Die Käufer/-innen haben .... ein Recht auf ...

.... wenn die Ware noch nicht geliefert wurde.

.... wenn die Ware bereits geliefert wurde.

Voraussetzung für ein Rückgaberecht:

....

....

Widerruf und Rückgabe sind nicht möglich bei Folgendem:

....

....

....

....

....

Damit man nicht die Katze im Sack kauft: Besonderheiten bei Fernabsatzverträgen und E-Commerce

1. Für welche Bereiche gelten die Regelungen zu Fernabsatzverträgen im BGB?

2. Über welche Sachverhalte müssen Käuferinnen und Käufer beim Fernabsatz informiert werden?

3. Welche besonderen Pflichten hat die Verkäuferin oder der Verkäufer im E-Commerce?

4. In welcher Zeit kann man eine Bestellung per Katalog, aus einer Verkaufssendung oder im Internet widerrufen?

5. Christine bestellt im Internet fünf Tuben einer Schlankheitscreme. Der Slogan – „Auftragen und das Fett verbrennt“ – hatte sie überzeugt. Schon während der Bestellung kommen ihr jedoch Zweifel. Sie möchte aber trotzdem die Wirkung an einer Tube ausprobieren. Doch die im PC eingegebene Zahl lässt sich nicht korrigieren. „Dann schicke ich eben die restlichen Tuben zurück“, denkt sie und es bleibt bei den fünf Tuben. Nach drei Wochen erhält sie die bestellte Ware. „So ein Pech, jetzt sind ja die 14 Tage Rückgaberecht vorbei“, erklärt sie ihrem Freund.

   Beurteilen Sie die Rechtslage.

Produkthaftungsgesetz

❶ Füllen Sie mithilfe des Lehrbuchtextes die Lücken und entwickeln Sie so eine Lernstruktur.

Das herstellende Unternehmen haftet für ...

....	....	....

wenn diese verursacht wurden durch ...

....	....	....

- Die Kundinnen und Kunden können beim .... verlangen.
- Ausnahme: Einen Schaden unter 500,00 € ....

Keine Produzentenhaftung besteht, ...

... bei Produkten aus	... wenn der Fehler bei	... wenn das Produkt bei Markteinführung	... wenn das fehlerhafte Produkt
....	....	....	....

Produzentenhaftung – Warenkennzeichnung – Verbraucherberatung

Situation: Dirk hat sich beim Discounter ein sehr preiswertes Trekking-Fahrrad gekauft. Doch schon am ersten Tag passierte es: Rahmenbruch vorne. Dirk überschlägt sich und landet in einem Cabrio. Mit Prellungen und Schürfwunden kommt er ins Krankenhaus. Das hätte aber auch noch schlimmer kommen können. Ein Fachmann erkennt, dass der Rahmen viel zu schwach ist und die Lötstellen fehlerhaft sind. Aufgrund der Überlackierung konnte ein Laie dies nicht erkennen. Das herstellende Unternehmen ist Dirk unbekannt. „Dann wende ich mich eben an den Verkäufer", sagt er.

1 Prüfen Sie, ob Dirk Ansprüche gegen den Händler geltend machen kann.

....

....

....

2 Ergänzen Sie die Lücken zur Produktkennzeichnung.

Bestimmte Angaben auf den Produkten sind gesetzlich vorgeschrieben, wie z. B. der Preis und die Inhaltsstoffe (bei Lebensmitteln usw.). Daneben gibt es aber auch:

Prüfzeichen und freiwillige Angaben auf Produkten

Prüfzeichen	Umweltzeichen	Produktinformationen
Diese werden von Verbänden an die Produkte vergeben, die einer .... entsprechen.	Der sogenannte Blaue .... wird für besonders .... Produkte vergeben.	Zusätzliche Informationen auf Produkten können z. B. sein: ....

3 Lückentext

Elke möchte sich ein neues Smartphone kaufen. Da das Angebot in den Geschäften sehr groß und unübersichtlich ist, besorgt sie sich einen Testbericht der Stiftung Warentest.

Setzen Sie im folgenden Text die fehlenden Begriffe ein: Rechtsberatung – Vermietungs- und Mietparteien – Werbekundschaft (oder -einnahmen) – unabhängig – Werbung

Die Stiftung Warentest ist ...., da in ihren Veröffentlichungen keine .... steht. Daher ist die Stiftung auch nicht von .... abhängig. Die Verbraucherzentralen bieten .... bei Streitigkeiten zwischen Verkäufer- und Käuferseite sowie zwischen .... an.

Grundlagen des Rechts

❶ Lückentext: Füllen Sie die Lücken durch folgende Wörter:

außergerichtliche – Ausweisung – Freiheits- – Nebenkläger/-in – Person – Staat – Strafrecht – Zivilrecht

Straftaten werden mit dem .... automatisch vom .... verfolgt. Bürgerinnen und Bürger können hier nur als .... auftreten. Strafen können sein: .... oder Geldstrafen und bei ausländischen Tätern die .... aus Deutschland. Dagegen werden Gerichte im .... erst aktiv, wenn eine .... eine andere verklagt und wenn eine .... Einigung nicht erfolgt ist.

❷ Tragen Sie zuerst den generellen Unterschied zwischen Besitzer/-in und Eigentümer/-in ein und lösen Sie dann die Frage durch jeweiliges Ankreuzen. Wer ist Besitzer/-in – wer Eigentümer/-in in a) bis e)?

Besitzer/-in	....
Eigentümer/-in	....

Fälle		Besitzer/-in	Eigentümer/-in
a)	Birgit leiht sich ein Paar Carving-Ski für den Winterurlaub.		
b)	Alexandra kauft sich ein Auto auf Kredit. Den Kfz-Brief behält die Bank bis zur endgültigen Bezahlung.		
c)	Achim hat sein Auto für zwei Jahre geleast.		
d)	Ayse bekam ein Cabrio zum 18. Geburtstag geschenkt.		
e)	Tim und Gaby ziehen zusammen in eine Mietwohnung.		
f)	Lisa borgt sich den Tennisschläger von Julia.		
g)	Frau Schmidt hat sich ein Kleid gekauft.		
e)	Als Sicherheit für einen Kredit hat Herr Bauer sein Haus der Bank per Hypothek überschrieben. Die Bank ist dann …		

Wer darf was? Geschäftsfähigkeit von natürlichen Personen

❶ Füllen Sie mithilfe des Lehrbuchtextes die Lücken und entwickeln Sie so eine Lernstruktur.

Geschäftsfähigkeit

bedeutet

a ……………………………………

Stufen

d ……………………

c ……………………

b ……………………

Personen im Alter von	e ……………	f ……………	g ……………
Verträge sind …	h ……………	i ……………	j ……………
	k d. h., sie gelten als …………… ……………	l d. h., die …………… …………… ……………	m d. h., …………… ……………

Ausnahmen

n ……………………………………

o ……………………………………

p ……………………………………

q ……………………………………

Abschluss und Inhalte von Kaufverträgen

❶ Vervollständigen Sie nachfolgendes Schaubild, das die beiden Möglichkeiten zum Abschluss eines Kaufvertrages zeigt.

Schreinermeister Holzner bestellt aufgrund eines Angebotes der Maschinenfabrik AG Gießen eine neue Kreissäge.

Verkäufer/-in → 1. → Käufer/-in
Verkäufer/-in ← 2. ← Käufer/-in

1. .... 2. ....

Der Vorsitzende des KSV Baunatal bestellt für das nächste Spiel 1 000 Bratwürstchen per Telefon zu den üblichen Bedingungen.
Metzger Schnell liefert pünktlich.

Käufer/-in → 1. → Verkäufer/-in
Käufer/-in ← 2. ← Verkäufer/-in

1. .... 2. ....

Zwei übereinstimmende

....

führen zum Abschluss eines

....

❷ **Wichtige Inhalte des Kaufvertrages**
Wenn die beiden Vertragsparteien keine besonderen Vereinbarungen getroffen haben, gelten die gesetzlichen Regelungen. Setzen Sie diese ein.

Vertragsinhalte	Gesetzliche Regelungen
Wann muss geliefert werden, wenn kein Lieferungstermin angegeben wurde?	
Wer trägt die Transportkosten?	
Wer ist Eigentümer/-in, wenn die Ware unter Eigentumsvorbehalt geliefert wird?	
Wo ist der Gerichtsstand, wenn eine Privatperson in einem Geschäft kauft?	
Was sind „allgemeine Geschäftsbedingungen“ und für wen gelten sie?	

Der Lieferungsverzug

❶ Füllen Sie mithilfe des Lehrbuchtextes die Lücken und entwickeln Sie so eine Lernstruktur.

Lieferungsverzug liegt vor, wenn …

drei Voraussetzungen ....

1. ....

2. Der Lieferer muss den Verzug verschuldet haben.

(Entfällt bei ...., wie .... usw.)

3. Eine in einer Mahnung gesetzte Frist ist verstrichen.

(Die Mahnung entfällt bei Selbstinverzugsetzung der/des .... und bei ....)

Die Verkäuferin/Der Verkäufer ist im Lieferungsverzug.

Rechte der Käuferin/des Käufers

Der Verkäuferin/Dem Verkäufer wird **keine** Nachfrist gesetzt und …		Der Verkäuferin/Dem Verkäufer wird **eine** Nachfrist gesetzt und …	
....	....	....	....

Ist der Lieferbetrieb im Verzug, welche Rechte mache ich geltend?

❶ Sie warten vergeblich auf bestellte Waren. Überprüfen Sie, ob Sie den Lieferbetrieb in Verzug setzen können, und bestehen Sie auf Ihrem Recht. Prüfen Sie mit der nachfolgenden Checkliste die Fälle und machen Sie **mündlich** Vorschläge dazu, welche Rechte Sie in Anspruch nehmen würden.

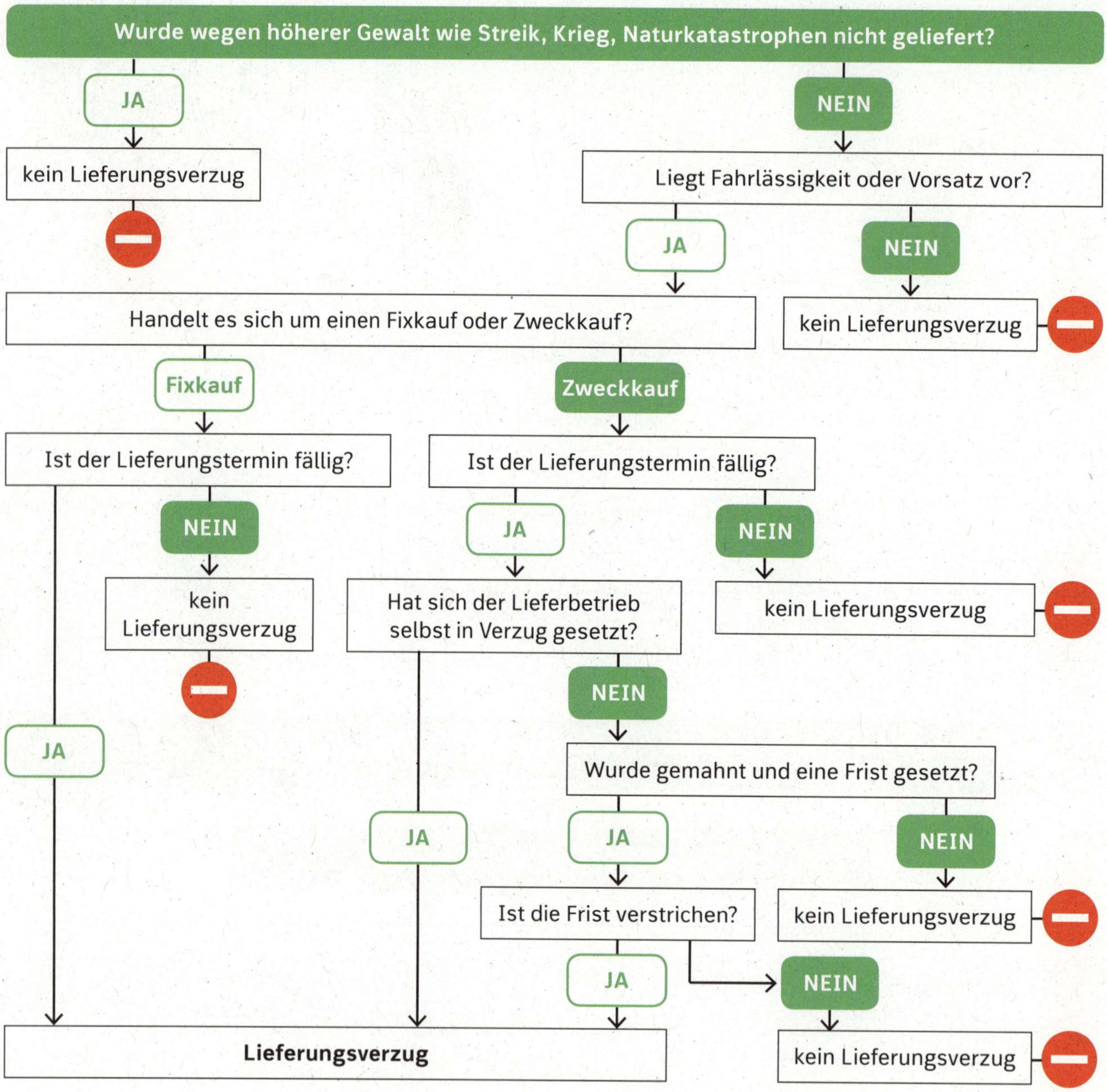

Entscheiden Sie, ob in folgenden Fällen ein Lieferungsverzug vorliegt (Lösung):

Mängelarten

❶ Füllen Sie mithilfe des Lehrbuchtextes die Lücken und entwickeln Sie so eine Lernstruktur.

Die Verkäuferin/Der Verkäufer ist nicht ……………………

Rechtsmängel

Mängelarten

Sachmängel

……………………

……………………

führen zu folgenden Rechten der Käuferin/des Käufers:

Die Käuferin/Der Käufer hat die Wahl zwischen …

vorrangige Rechte: ………… **oder** …………

zweimal erfolglose Nachbesserung in zumutbarer Zeit

keine Nachlieferung

nachrangige Rechte: ………… ………… ………… …………

Mangelhafte Lieferung – Beratung beim Verbraucherschutz

❶ Immer wieder kommt es zu Verärgerungen der Kundinnen und Kunden wegen mangelhaft gelieferter Sachen. Doch viele Käufer/-innen wissen nicht, wie sie sich in diesen Fällen verhalten sollen. Bearbeiten Sie daher folgende Fälle und gehen Sie dabei wie der Verbraucherschutz in zwei Schritten vor.
Erster Schritt: Prüfen Sie, ob in den unten stehenden Fällen überhaupt Mängel vorliegen. Wenn „ja“, dann tragen Sie die Mangelart in die Spalte „Mangelart“ ein.
Zweiter Schritt: Schlagen Sie dann mögliche Rechte vor, die Sie in Anspruch nehmen würden. Tragen Sie diese in die Spalte „Empfehlung“ ein.

Fälle		Mangelart	Empfehlung
a)	Begleitschreiben einer Sendung von einem Versandhaus: „Der bestellte Artikel ist leider ausverkauft. Wir haben Ihnen eine ähnliche Bluse geliefert.“		
b)	Alina bestellt aus einer Werbesendung Fleckensalz, das alle Flecken ohne Schwierigkeit entfernen soll. Die ersten drei Versuche sind jedoch ohne Erfolg.		
c)	Ein Kratzer an der Rückwand des Fernsehgerätes lässt sich nicht beseitigen. Die nächste Lieferung aus Japan kommt aber erst in sechs Wochen. Vorher lehnt der Verkäufer einen Umtausch wegen zu hoher Kosten ab.		
d)	In einem Möbelabholmarkt hat sich Lars eine Schrankwand gekauft. Als er mit dem Aufbau fast fertig ist, bemerkt er, dass er zu große Schrauben benutzt hat, die er jetzt aber für die Türelemente benötigt. Dies ging aus der Aufbauanleitung nicht hervor. Nun halten die kleinen Schrauben in den größeren Löchern nicht mehr.		
e)	Beim Auspacken stellt Ralf fest, dass Schrauben für den Heimtrainer fehlen.		
f)	Katja entdeckt zu Hause beim Auspacken der gekauften Jacke einen Fleck. Die Verkäuferin behauptet, dieser wäre nachträglich beim ersten Tragen entstanden. Wenn Katja ihr nicht das Gegenteil beweisen könne, würde sie die Reklamation nicht akzeptieren. Wer hat Recht?		

Der Annahmeverzug

❶ Füllen Sie mithilfe des Lehrbuchtextes die Lücken und entwickeln Sie so eine Lernstruktur.

Ein Liefertermin ist fällig.

....	....
....	Die Käuferin/Der Käufer holt die Ware nicht ab.

Annahmeverzug

Folgen für die Käuferin oder den Käufer

Käufer/-innen haften für ....

außer bei ....

Rechte der Verkäuferin oder des Verkäufers

Rücktritt vom Vertrag und anderweitiger Verkauf bei ...	**Lagerung** der Ware zulasten der Kundschaft und ...	
guter Absatzlage, *langjährigen Kundinnen/Kunden geringen Rechnungsbeträgen*	....	....

Pflichten bei Selbsthilfeverkauf

Pflichten der Verkäuferin/des Verkäufers:

Androhung und Fristsetzung (außer bei ....)

Benachrichtigung der Käuferin/des Käufers über ....

.... Benachrichtigung über ....

.... Herausgabe ....

Pflichten der Käuferin/des Käufers:

....

Begleichung ....

....

Angst vor den Folgen des Annahmeverzuges

❶ Anke hatte Möbel für ihre neue Wohnung bestellt. Wegen eines Streits mit ihrem Freund will sie nun dort nicht einziehen. Aber das Möbel-Center besteht auf Abnahme. Anke ist ratlos und hat viele Fragen.
Können Sie ihr helfen?

Nr.	Das sind Ankes Fragen:	Was meinen Sie dazu?
a)	Die haben mich angerufen und wollten liefern. Doch ich habe abgelehnt, damit sie nicht umsonst fahren. Warum bin ich dann in Annahmeverzug?	
b)	Gerate ich auch in Annahmeverzug, wenn ich bei der Lieferung nicht zu Hause bin?	
c)	Wer trägt denn die Kosten für das Einlagern?	
d)	Was meint das Möbel-Center mit „Wir veräußern die Ware mit Selbsthilfeverkauf“?	
e)	Wenn die Möbel durch einen Selbsthilfeverkauf veräußert werden, habe ich doch keine Pflichten mehr, oder?	
f)	Muss mich das Möbel-Center über den Selbsthilfeverkauf noch benachrichtigen?	
g)	Wer haftet, wenn die Möbel inzwischen beschädigt werden?	
h)	Was passiert, wenn keiner die Ware ersteigert?	

Der Zahlungsverzug

❶ Füllen Sie mithilfe des Lehrbuchtextes die Lücken und entwickeln Sie so eine Lernstruktur.

Ein Zahlungstermin wurde überschritten.

Verkäufer- und Käuferseite sind …

beide Kaufleute.	Kauffrau/-mann und Verbraucher/-in.	beide Verbraucher/-innen..
....	....	....
	....	Ausnahme: ausdrücklicher Hinweis auf automatischen Zahlungsverzug nach ....

Zahlungsverzug

Rechte des Gläubigers

Bestehen auf Zahlung	....	....	....

Beide Vertragsparteien sind Betriebe.	Käuferin/Käufer oder beide Parteien sind Verbraucher/-innen.
.... über EZB-Basiszinssatz	.... über EZB-Basiszinssatz

Damit nichts unter den Hammer kommt!

1 Beweisen Sie Ihre Kenntnisse über den Zahlungsverzug und seine Folgen, damit von Ihnen nichts „unter den Versteigerungshammer kommt“. Beantworten Sie folgende Fragen. Markieren Sie eventuelle falsche Antworten. Werten Sie Ihre Ergebnisse aus.

Nr.	Frage	Antwort	f
a)	Wann geraten Verbraucher/-innen in Zahlungsverzug, wenn hierzu kein besonderer Hinweis im Kaufvertrag steht?		
b)	Wann geraten Verbraucher/-innen in Zahlungsverzug, wenn im Kaufvertrag der Hinweis steht „automatischer Zahlungsverzug ohne Mahnung“?		
c)	Was ist, wenn man die in einer Mahnung gesetzte Zahlungsfrist verstreichen lässt?		
d)	Welche Rechte haben Verkäufer/-innen, wenn das nicht bezahlte Produkt von der Käuferin oder dem Käufer schon benutzt wurde?		
e)	Wie hoch sind für Verbraucher/-innen die Zinsen bei einem Zahlungsverzug?		
f)	Was passiert, wenn Verbraucher/-innen einen Mahnbescheid nicht beachten?		
g)	Eine Schuldnerin/Ein Schuldner erhält einen Mahnbescheid und zahlt. Welche Folge hat das?		
h)	Was passiert, wenn Schuldner/-innen Widerspruch gegen einen Mahnbescheid einlegen?		
i)	Welche Auswirkung hat es, wenn in einem Gerichtsurteil über einen Mahnbescheid die Gläubigerseite recht bekommt?		
j)	Eine Schuldnerin/Ein Schuldner schweigt nach seinem Vollstreckungsbescheid. Was wird geschehen?		
k)	Welche Gegenstände dürfen grundsätzlich nicht gepfändet werden?		
l)	Was bedeutet es, wenn man eine „Lohnpfändung nach Zwangsvollstreckung“ erhält?		

0 Fehler	Sie sind ein Profi und verhalten sich sicherlich auch bei Zahlungen richtig.
1–2 Fehler	Gutes Ergebnis – wenn Sie Ihre Zahlungen immer rechtzeitig begleichen, kann nichts passieren.
3–6 Fehler	Sie haben Wissenslücken. Zahlen Sie immer pünktlich, damit „nichts unter den Hammer kommt“.
7–12 Fehler	Sie haben große Wissenslücken über den Zahlungsverzug. Machen Sie sich noch einmal schlau. Sie brauchen die Infos für Ihr späteres Leben. Achten Sie besonders auf pünktliche Zahlungen.

Vergleich von Wirtschaftsordnungen

❶ Vergleichen Sie die Wirtschaftsordnungen, die durch die Karikatur angesprochen werden. Finden Sie eine Überschrift.

a) Wirtschaftsordnung:

....

Bildüberschrift:

....

....

....

....

....

b) Wirtschaftsordnung:

....

Bildüberschrift:

....

....

❷ Entscheiden Sie, ob die folgenden Aussagen auf die Zentralverwaltungswirtschaft oder auf die freie Marktwirtschaft zutreffen. Tragen Sie hierzu die Aussagenummern in die jeweilige Tabelle ein.

a)

Freie Marktwirtschaft					
Nr.					

b)

Zentralverwaltungswirtschaft					
Nr.					

Nr.	Aussagen zu den Wirtschaftsordnungen
1	Die Produktionsmittel befinden sich im Staatseigentum.
2	Betriebe streben hohe Gewinne an.
3	Angebot und Nachfrage bestimmen die Preise.
4	Der Staat nimmt keine Eingriffe in das Wirtschaftsgeschehen vor.
5	Der Staat bestimmt die Wirtschaftsbeziehungen mit dem Ausland.
6	Gewerbefreiheit existiert nicht.
7	Die Berufs- und Arbeitsplatzwahl ist generell frei.
8	Betriebe verfolgen das Ziel der Planerfüllung.
9	Die Unternehmen bestimmen selbst, ob und mit wem sie Außenhandel betreiben.
10	Wirtschaftskrisen (z. B. Massenarbeitslosigkeit) lassen sich vermeiden.

Die soziale Marktwirtschaft unter die Lupe nehmen

❶ Überprüfen Sie, ob die folgenden Behauptungen zur sozialen Marktwirtschaft stimmen. Kreuzen Sie bei den nachfolgenden Aussagen richtig (r) oder falsch (f) an. Ist die Behauptung falsch, so tragen Sie die richtige Antwort ein.

Nr.	Behauptung	r	f	Richtige Antwort
1	Der Begründer der sozialen Marktwirtschaft ist der ehemalige Bundeskanzler Konrad Adenauer.			
2	Tarifverträge werden zwischen Gewerkschaften und einzelnen Arbeitgebern oder Arbeitgeberverbänden abgeschlossen.			
3	Wenn der Staat Sozialhilfe zahlt, ist dies ein Beispiel für Konjunkturpolitik.			
4	Zusammenschlüsse von Unternehmungen sind in der sozialen Marktwirtschaft immer verboten.			
5	Es gibt vor allem Privateigentum, aber auch Staatseigentum ist möglich.			
6	Wenn Steuern gesenkt werden, um die Wirtschaft anzukurbeln, ist dies ein Beispiel für Strukturpolitik.			
7	In unserer Wirtschaft gibt es nur ein Problem: die hohe Staatsverschuldung.			
8	Wegen der früheren wirtschaftlichen Erfolge war damals die Rede vom „Deutschen Wirtschaftswunder“.			
9	Der Staat erlässt auch Gesetze zum Schutz der Verbraucher/-innen.			
10	Die Hüterin unserer Währung ist die Deutsche Bundesbank.			
11	Wettbewerb wird geschützt, damit die Unternehmen hohe Gewinne machen.			
12	Anders als in der ehemaligen DDR gibt es in der sozialen Marktwirtschaft keinen staatlichen Gesamtplan.			
13	Der Staat greift an vielen Stellen in das Marktgeschehen ein.			

Es gibt sie: die Probleme der sozialen Marktwirtschaft

1. Benennen Sie mithilfe des Lehrbuchtextes die Problemfelder der sozialen Marktwirtschaft.

Problemfelder

2. Benennen Sie mithilfe des Lehrbuchtextes aktuelle Infrastrukturprobleme.

Infrastrukturprobleme

Auswirkungen des konjunkturellen Verlaufs auf die Volkswirtschaft

1 Der konjunkturelle Verlauf wirkt sich an vielen Stellen einer Volkswirtschaft aus.
Ordnen Sie die unten aufgeführten wirtschaftlichen Vorgänge der jeweiligen Konjunkturphase zu.
Tragen Sie dazu die Nummer der Vorgänge in die entsprechenden Felder ein.

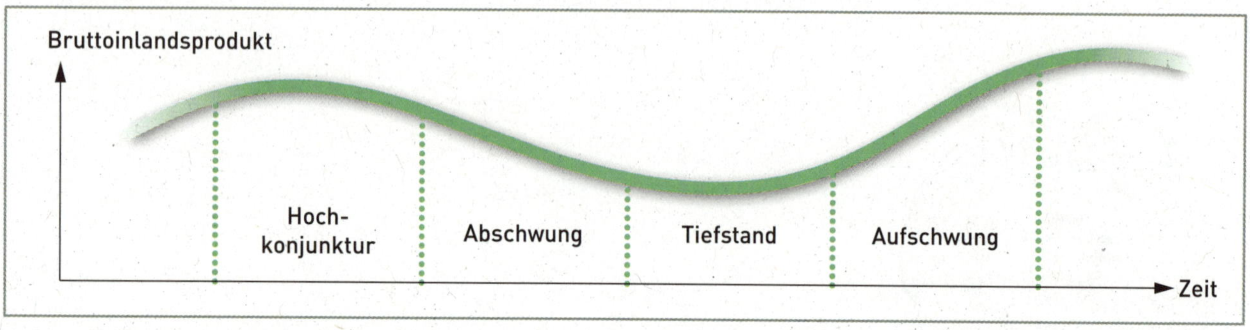

	Hochkonjunktur	Abschwung	Tiefstand	Aufschwung	
Konsumgütermarkt					
Arbeitsmarkt					
Industrie					
Kapitalmarkt					
Staat					

Wirtschaftliche Vorgänge im konjunkturellen Verlauf (Beispiele)

1 Steuereinnahmen steigen.
2 große Nachfrage nach Konsumgütern
3 Es kommt zu Massenentlassungen.
4 Die industriellen Kapazitäten sind voll ausgelastet.
5 Kreditnachfrage steigt.
6 Die industrielle Produktion steigt.
7 Es kommt zur Kurzarbeit.
8 Steuereinnahmen fallen.
9 Arbeitskräfte werden entlassen.
10 Lagerbestände bei Industriebetrieben nehmen ab.
11 Rückgang der Nachfrage
12 Der Arbeitsmarkt beginnt sich zu beleben.
13 steigende Preise bei Konsumgütern
14 hohe Steuerausfälle
15 Löhne beginnen zu steigen.
16 Es besteht ein hohes Zinsniveau.
17 Konsumgüternachfrage bricht ein.
18 Freischichten werden beschlossen.
19 Kredite werden kaum noch nachgefragt.
20 Es besteht Überbeschäftigung.
21 Zinsen beginnen zu sinken.
22 Steuerquellen „sprudeln stark".

Das magische Sechseck der Wirtschaftspolitik

❶ Der große Zauberer will es schaffen, alle wirtschaftspolitischen Ziele des Sechsecks auf einmal zu verwirklichen. Helfen Sie ihm dabei. Suchen Sie aus seinem Hut die sechs wirtschaftspolitischen Ziele heraus. Die vorstehenden Buchstaben ergeben – richtig angeordnet – im Sechseck das Lösungswort.

A stabiles Preisniveau
C gutes und ausreichendes Straßensystem
E Schutz der natürlichen Umwelt
F wirksames Gesundheitssystem
G angemessenes Wirtschaftswachstum
I außenwirtschaftliches Gleichgewicht
K genügend Lehrstellen
M Vollbeschäftigung
O Gleichberechtigung der Frauen
Q ausreichender Wohnungsbestand
R gerechte Einkommens- und Vermögensverteilung
U Schutz vor Kriminalität
V Förderung der Vermögensbildung

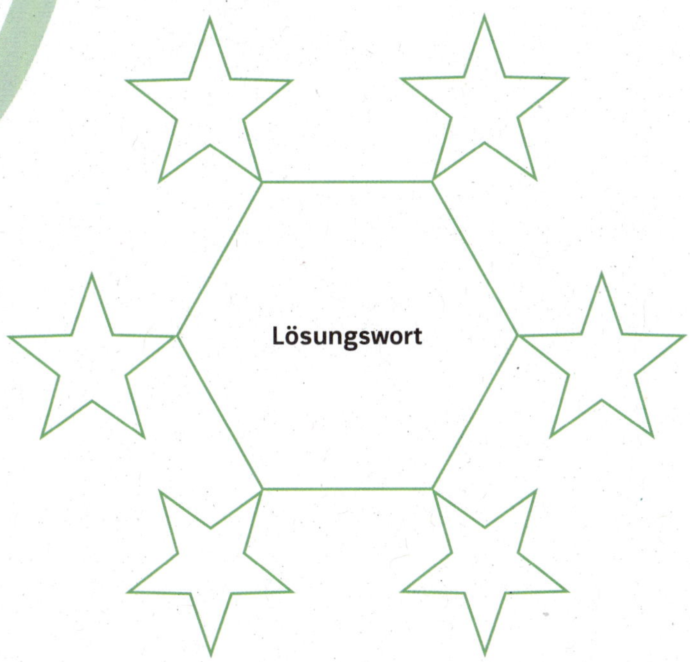

Möglichkeiten zur Beeinflussung des Konjunkturverlaufs

❶ Entscheiden Sie, was der Staat und die Europäische Zentralbank (EZB) tun können, um der Konjunktur zu helfen.

a) Die Konjunktur ist überhitzt, es besteht „Explosionsgefahr“!

b) Die Konjunktur liegt am Boden. Alle hoffen auf den Aufschwung.

Maßnahmen des Staates: (a)

....

....

....

....

....

Maßnahmen des Staates: (b)

....

....

....

....

....

Maßnahmen der EZB, wie z. B. (a)

....

....

Maßnahmen der EZB, wie z. B. (b)

....

....

Welche Ziele wollen der Staat und die EZB durch ihre Maßnahmen erreichen?

....

....

....

....

....

Die Corona-Krise

❶ Was will die Karikatur ausdrücken?

❷ Wie beurteilen Sie die Situation Deutschlands im Vergleich mit anderen Ländern?

❸ Benennen Sie mithilfe des Lehrbuchtextes die Folgen der Corona-Krise.

FOLGEN DER KRISE

für Arbeitnehmer/-innen	für Unternehmen

für Verbraucher/-innen	für den Staat

HILFEN DES STAATES

für Unternehmen	für Arbeitnehmer/-innen und Verbraucher/-innen

Die Energiekrise

1 Lösen Sie das folgende Silbenrätsel.

1. Energieform, die nichts kostet
2. Günstige Energie für Industriebetriebe
3. Fossiler Energieträger, der stark kritisiert wird
4. Staatliche Maßnahme, um den Strompreis zu senken
5. Energieform der Zukunft
6. Wandelt Strom in Energie um
7. Durch spezielles Gesetz soll Austausch älterer Heizungen gefördert werden
8. Wurde erhöht, um Treibstoffkosten für Berufspendler/-innen zu senken
9. Wird per Schiff geliefert
10. Fließt dem Staat zu, wenn Energie verbraucht wird
11. Ist eine wirtschaftliche Folge der gestiegenen Energiepreise

1 W I N D
2 I N D U S
3 F L A
4 B R E M S E
5 W A S S T O F F
6 S O L A G E
7 Z U N G S S E T Z
8 P E N D P A U
9 G A S
10 E N E R S T E U
11 S I

Lösungswort

Silben: AN, ~~BREM, DUS,~~ EN, ER, ER, ~~FLA~~, FLU, ~~GAS, GE,~~ GIE, HEI, ~~IN,~~ IN, KRAFT, ~~LA,~~ LAR, LE, LER, ON, ON, ~~PAU, PEND,~~ PREIS, RE, SCHLA, ~~SE,~~ SER, ~~SETZ, SI,~~ SIG, ~~SO, STEU, STOFF, STROM,~~ STROM, TI, TRIE, ~~WAS, WIND,~~ ZES, ~~ZUNGS~~

Wirtschaftsstandort Deutschland – eine aktuelle Bestandsaufnahme

So könnte er lauten: ein Brandbrief an Bundeskanzler Olaf Scholz

Sehr geehrter Herr Bundeskanzler!

Hilfe, unsere Wirtschaft schmiert ab! Wie konnte es so weit kommen? Da ist z. B. die Inflation, die in unserem Land besonders hoch ist. Sie drückt auf die Konsumlaune und bringt steigende Zinsen mit sich. Die notwendigen Investitionen verteuern sich, was die Betriebe gar nicht lustig finden.

Was aber auch noch auf die Stimmung drückt: Die Wirtschaft schrumpft. Damit sind wir zurzeit das einzige Land in Europa, das so gebeutelt wird. Und die Energiewende? Sie zählt auch nicht zu den Glanzlichtern der deutschen Politik. Im Wesentlichen wurde sie verkorkst. Ein Beispiel: die so hoch gelobte Mobilitätswende. Wie soll das gehen? 15 Millionen Elektroautos sollen sich im Jahr 2030 auf deutschen Straßen tummeln. 2023 waren es gerade einmal 1,2 Millionen Stück.

Und dann haben wir ja noch die Energiekrise, an der sich die Politik abgearbeitet hat. Traurig, aber wahr: Deutschland hat zusammen mit Dänemark die höchsten Energiepreise der Welt. Können Sie dabei überhaupt noch ruhig schlafen, Herr Bundeskanzler? Sie wissen, dass in den USA die Betriebe nur ein Viertel der deutschen Energiepreise aufbringen müssen. Und was machen die? Mit ihren günstigen Angebotspreisen erobern sie bei uns Märkte, die früher in deutscher Hand waren. Besonders bei exportorientierten Betrieben drückt das auf die Stimmung. Ein Gedanke für diese Betriebe ist verführerisch. Wir machen uns dahin auf, wo es uns wirtschaftlich besser geht und gründen gleich mal eine Niederlassung und von dem amerikanischen Konjunkturprogramm können wir dann außerdem profitieren.

Reicht es jetzt nicht mit der Kritik? Leider nein, Herr Bundeskanzler. Da gibt es ja noch das leidige Facharbeiterproblem, das uns nahezu an jeder Straßenecke vor Augen geführt wird. Wenn alle Aktivitäten zur Personalanwerbung im Inland nur bedingt erfolgreich sind, kann dann nicht das große Potenzial anderer Länder durch eine geschickte Strategie angezapft werden? Kann man schon, wird auch gemacht. Aber der deutsche Amtsschimmel wiehert auch hier so laut, sodass viele interessierte Bewerber die Lust auf Deutschland verlieren. Ganz allgemein gesagt: Im Bereich der Bürokratisierung kann uns so bald keiner was vormachen. Als Bürokratiedschungel wird die Misere treffend beschrieben. In welchem Land müssen zum Beispiel bei dem Bau von Windrädern 100 (in Worten hundert) Genehmigungen eingeholt werden, bevor es losgehen kann. Amtsschimmel, du darfst wieder laut wiehern.

Jetzt ist die Digitalisierung an der Reihe. Können wir hier nun endlich mal punkten? Leider nicht. Deutschland ist bei dieser Zukunftstechnologie nur im Schneckentempo seit vielen Jahren unterwegs. Notwendig wäre, auf eine Sprintstrecke zu wechseln.

Sehr geehrter Herr Bundeskanzler, besteht nicht die Gefahr, dass Deutschland seinen über viele Jahre aufgebauten Wohlstand zunichtemacht, wenn wir so weitermachen wie bisher? Etwas müsste unbedingt passieren: Wir brauchen für jedes einzelne Problem eine klare Lösungsstrategie. Es gibt genug verschiedene Ideen, unseren Wohlstand für die Zukunft zu sichern. Es muss eine Entscheidung getroffen werden.

Hochachtungsvoll

Svenja Böhm

❶ Entscheiden Sie anhand des Briefes und der Karikatur (s. u.), welche Aussagen richtig oder falsch sind.

	Richtig	Falsch
Die Karikatur zeigt einen Bundeskanzler, der sich mit wenig Erfolg abrackert.		
Deutschland ist auch weiterhin der Exportweltmeister.		
Die Bürokratie in Deutschland zu verhindern, ist nicht sinnvoll.		
Eine Inflation hat den Nachteil, dass die Konsumlaune abnimmt.		
Hohe inländische Energiekosten gehen häufig zulasten der Exportwirtschaft.		
Steigende Zinsen sind auch die Folge einer Inflation.		
Die Digitalisierung in Deutschland ist noch immer nicht in trockenen Tüchern.		
Betriebe gründen häufig Niederlassungen in kostengünstigeren Ländern.		
Das Management der Energiekrise ist ein wahres Erfolgsmodell.		
Die Mobilitätswende wurde heiß diskutiert, aber letztlich nur halbherzig umgesetzt.		
Deutschland kann wieder stolz sein auf eine wachsende Wirtschaft.		
Die Anwerbung von Arbeitskräften im Ausland ist ein Erfolgsmodell.		
Das von der Bundesregierung beschlossene Wachstumspaket soll vor allem den Umsatzrückgang beim Einzelhandel ausgleichen.		
Bei der Wettbewerbsfähigkeit schneidet Deutschland schlecht ab.		

❷ Listen Sie die Probleme auf, die in dem Brief angesprochen werden.

Karikatur von Waldemar Mandzel, 14.08.2023

❸ Diskutieren Sie die aufgelisteten Probleme in der Gruppe. Wo ist die Kritik berechtigt und wo nicht?

❹ Bilden Sie Expertengruppen zu jedem Thema. Diskutieren Sie Lösungsvorschläge.

Wirtschaftspolitik – Überblick

❶ Entscheiden Sie, ob die folgenden Aussagen wahr 👍 oder unwahr 👎 sind. Addieren Sie dann die Punkte. So lässt sich leicht feststellen, ob Sie sich richtig entschieden haben (Als Gesamtsumme muss sich die Zahl 37 ergeben.).

		👍	👎	
1	Konjunkturfördernde Maßnahmen können vom Staat und der Deutschen Bundesbank ergriffen werden.	2	6	Ihre Zwischensumme
2	Droht die Wirtschaft zu überhitzen, sollte die Konjunktur gedämpft werden.	4	9	
3	Subventionszahlungen zu erhöhen, ist in wirtschaftlichen Krisenzeiten schlecht für die Nachfrage.	8	2	
4	Wird der Mindestreservesatz erhöht, verfügen die Geschäftsbanken über weniger Geld.	0	3	
5	Schränkt der Staat seine Bautätigkeit ein, wirkt das konjunkturdämpfend.	2	5	
6	Die Wirtschaftspolitik des Staates nennt man auch Geldpolitik.	4	1	☐
7	Die Europäische Zentralbank (EZB) unterstützt die Wirtschaftspolitik der EU-Staaten.	6	7	Ihre Zwischensumme
8	Wenn der Staat einer Konjunkturphase entgegenwirkt, betreibt er antizyklische Fiskalpolitik.	9	3	
9	Geht es der Wirtschaft schlecht, sollte der Staat wirtschaftspolitisch „Gas geben“.	0	4	
10	Erhöht der Staat die Steuern, wird die Nachfrage angekurbelt.	4	3	
11	Senkt der Staat die Sparprämien, geht die Nachfrage zurück.	0	3	
12	Die EZB hat vor allem das Ziel, das Preisniveau in den Mitgliedsländern stabil zu halten.	1	0	
13	Wenn die Wirtschaft auf „Sparflamme“ läuft, sollten die Leitzinsen erhöht werden.	4	0	☐
		Ihre Gesamtsumme		**37**

Betriebliche Arbeitsteilung

❶ Bewerten Sie die betriebliche Arbeitsteilung.

Reporter: „Guten Tag, meine lieben Hörerinnen und Hörer, ich melde mich live aus der Schokoladenfabrik WIKA in Köln. Heute will ich Sie über die Herstellung von Schokoladenweihnachtsmännern informieren, die hier minütlich tausendfach vom Fließband gehen. Dreihundert fleißige Arbeiterinnen und Arbeiter sind an der Herstellung beteiligt. Eine davon ist Uta Kirchner. Auf der linken Seite von mir steht der Betriebsleiter des Werkes, Herr Meister. Kommen wir zur ersten Frage an Sie, Herr Meister: „Wie wird in Ihrem Werk gearbeitet, damit minütlich mehr als tausend Weihnachtsmänner verkaufsfertig hergestellt werden können?"

Herr Meister: „Also, in unserem Betrieb wird die Arbeit auf alle 300 Mitarbeitenden aufgeteilt. Durch diese Arbeitsteilung können wir z. B. den Artikel ‚Weihnachtsmann' in Massen produzieren."

Reporter: „Welche Vorteile sehen Sie noch in der Arbeitsteilung?"

Herr Meister: „Durch Arbeitsteilung führen alle Arbeiterinnen und Arbeiter über längere Zeit immer dieselbe Tätigkeit aus, somit bekommen sie darin Routine und arbeiten leistungsfähiger."

Reporter: „Frau Kirchner, Sie arbeiten am Band, was sagen Sie dazu?"

Frau Kirchner: „Klar wird so mehr hergestellt, aber betrachten Sie mal meine tägliche Arbeit, sie wird auf wenige Handgriffe reduziert. Dadurch ist die Arbeit schnell eintönig, und die Freude an der Arbeit geht langsam verloren. Oft fühle ich mich nach der Arbeit niedergeschlagen und habe Kopfschmerzen."

Herr Meister: „Hier möchte ich bemerken, dass die persönlichen Fähigkeiten aller Arbeiterinnen und Arbeiter berücksichtigt werden, wir schneiden sozusagen die Arbeit auf ihn zu."

Frau Kirchner: „Meine Arbeit besteht darin, dass ich Zucker mit Vanille vermische und dies ca. hundertmal pro Minute in kleine Blechdosen fülle – aber den fertigen Weihnachtsmann sehe ich nicht. Vielmehr verliere ich den Bezug zum Endprodukt, da ich nur eine Teilarbeit verrichte."

Reporter: „Herr Meister, sehen Sie noch weitere Vorteile der Arbeitsteilung trotz dieser Nachteile?"

Herr Meister: „Ja – durch die Arbeitsteilung werden Arbeitsvorgänge vereinfacht. Somit können wir viele ungelernte und angelernte Arbeitskräfte beschäftigen."

Frau Kirchner: „Moment mal – dadurch, dass ich so einseitig ausgebildet bin, kann ich Probleme bekommen, wenn ich diesen Job mal verliere. Denn wo finde ich eine Arbeit, bei der genau diese einseitige Tätigkeit gefordert wird?"

Reporter: „Lassen Sie uns zum Abschluss kommen – was geben Sie unseren Hörerinnen und Hörern auf den Weg?"

Herr Meister: „Dank der Arbeitsteilung sehe ich eine Verbesserung der Konkurrenzfähigkeit unseres Betriebs."

Frau Kirchner: „Ich befürchte, dass durch die Arbeitsteilung meine Arbeitskraft zunehmend durch Maschinen ersetzbar wird, denn für solch einfache Handgriffe braucht man keine denkenden Menschen! Und wenn man dann noch an die künstliche Intelligenz denkt, die ja auch den Produktionsablauf beschleunigt, dann dauert es doch nicht lange und wir können ganz zu Hause bleiben. "

Reporter: „Ab heute weiß man den Schokoladenweihnachtsmann zu schätzen, vielen Dank für das Gespräch."

a) Fassen Sie die Argumente zusammen, die Uta Kirchner gegen die Arbeitsteilung vorbringt.

b) Nennen Sie die Gründe, mit denen Herr Meister die Arbeitsteilung verteidigt.

Globalisierung – die weltweite Arbeitsteilung

❶ Beantworten Sie Fragen zur Globalisierung.

VW: Kleinere E-Autos für China

Bislang bieten deutsche Konzerne wenig im Einstiegssegment

Berlin/Peking – Volkswagen will der starken Konkurrenz in China in den kommenden Jahren auch mit günstigeren Elektromodellen begegnen. Zwar gebe es auf dem wichtigsten Markt derzeit keine Pläne für einen Kleinst-Stromer vergleichbar mit dem VW Up oder für ein dem VW Polo (Test) entsprechendes E-Auto, sagte Landeschef Ralf Brandstätter. „Den Markt der Mini-Elektrofahrzeuge bedienen wir nicht. Wir werden aber unsere Angebote im Einstiegssegment, zum Beispiel bei kleineren Limousinen ähnlich dem Bora oder kleineren SUVs unterhalb des ID.4, ausbauen." Bisher verdienen deutsche Konzerne eher an größeren E-Modellen, doch chinesische Hersteller schafften zuletzt gerade mit Elektro-Kleinwagen hohe Wachstumsraten.

Quelle: dpa: VW: Kleinere E-Autos für China, in: HNA, 17.01.2023.

a) Bewerten Sie das Vorhaben von VW. Stellen Sie dazu Vor- und Nachteile gegenüber.

Vorteile	Nachteile

b) Finden Sie Überschriften zu der nebenstehenden Karikatur.

c) Welche Gründe haben die Entwicklung der Globalisierung begünstigt?

Begriffe, die man häufig hört ...

❶ In der folgenden Aufgabe geht es um den Umweltschutz. Es ist hier ganz offensichtlich einiges durcheinandergeraten. Versuchen Sie, die richtige Zuordnung der Begriffe zu der entsprechenden Erklärung herzustellen. Tragen Sie jeweils die Buchstaben in die richtigen Kästchen ein und ermitteln Sie das Lösungswort.

Begriffe			Erklärungen
Emission	H		Vorkehrungen, um Umwelt vor schädigenden Einwirkungen zu schützen
Nachhaltigkeit	N		Erklärung der Industrieländer, um Treibhausgase zu reduzieren
Geothermie	X		an die Umwelt abgegebene Schadstoffe
Sekundärrohstoffe	D		Gas, das globale Erwärmung verursacht
Energieeffizienz	O		umweltschädigendes Flugzeugbenzin
regenerative Energie	I		Forderung aus der Forstwirtschaft, die auch für die Umwelt wichtig ist
fossile Brennstoffe	I		aus Müll gewonnene brauchbare Materialien
Kerosin	E		erneuerbare Energieform
Recycling	D		Ausdruck von Wirksamkeit von Energie
Immissionsschutz	K		Gewinnung von Wärme aus dem Erdreich
CO_2	L		in der Urzeit entstandene energietragende Stoffe
Kyoto-Protokoll	O		Wiederverwendung bereits benutzter Stoffe und Materialien

Lösungswort

Die 17 globalen Ziele der Nachhaltigkeit

1 Entscheiden Sie, welche der folgenden Pressemeldungen mit den jeweiligen Nachhaltigkeitszielen (siehe Grafik oben) zu vereinbaren sind. Ordnen Sie die Meldungen den jeweiligen Zielen zu. Achtung: Nicht alle Meldungen sind mit dem Nachhaltigkeitsgebot vereinbar. Sie sind mit „nicht nachhaltig“ (hier: nn) zu markieren.

Meldungen aus dem politischen Alltag		Zuordnung zu den 17 Zielen
A	Mitgliedstaaten der UN und der EU verfolgen gemeinsam das Ziel, die Erderwärmung auf nicht mehr als 1,5 Grad im Vergleich zum – vorindustriellen Zeitalter – zu begrenzen.	....
B	4-Tage-Woche bei fehlenden Arbeitskräften. Geht das? Verbände warnen, das Unternehmen vermehrt ins Ausland abwandern könnten.	....
C	Armut in Entwicklungsländern heißt vor allem geringe Lebenserwartung und unzureichende Gesundheitsvorsorge, verbunden mit niedrigem Einkommen. Um das nachhaltige Ziel Armutsbekämpfung zu verwirklichen, sollten die wohlhabenden Länder mehr Entwicklungshilfe leisten. Die deutsche Entwicklungspolitik unterstützt z. B. Kleinbauern und Bäuerinnen, um Lebensmittel vor Ort zu produzieren.	....
D	E-Mobilität: Hohe Strompreise und geringe staatliche Förderprämien haben die Nachfrage nach Elektrofahrzeugen zugunsten der Verbrenner einbrechen lassen.	....
E	Waffen regieren zurzeit die Welt. Der Rüstungskonzern Rheinmetall erhält Milliardenbeträge vom Staat und steigt mit seinen Aktien in den DAX auf.	....

	Meldungen aus dem politischen Alltag	Zuordnung zu den 17 Zielen
F	Im Gegensatz zu vielen Entwicklungsländern besteht in Deutschland und vielen anderen Staaten eine allgemeine Schulpflicht. Das Schulsystem ist dreigliedrig aufgebaut. Bereits eine vorschulische Bildung dient der persönlichen Entwicklung g. Ein Nachteil: Bildungschancen sind ungleich verteilt. Es besteht seit einigen Jahren die Tendenz zu höherwertigen Abschlüssen.	....
G	Wasser gilt als das wertvollste Lebensmittel weltweit. Es wird in entwickelten Ländern streng überwacht. Vor allem in vielen Entwicklungsländern besteht ein Wassernotstand.	....
H	Sozialer und technischer Arbeitsschutz dient bei uns dazu, eine menschenwürdige Arbeit zu fördern. Anders in den Entwicklungsländern. Hier sind Zwangsarbeit, Menschenhandel und Kinderarmut immer noch häufig anzutreffen. Die Welt hat den Finder in die Wunde gelegt und fordert die Abschaffung von Zwangsarbeit, Menschenhandel und Kinderarbeit.	....
I	Es geht nicht gerecht zu auf dieser Welt. Eine Verbesserung wäre wünschenswert. Gerechtigkeitslücken gibt es auf vielen Gebieten, so bei Herkunft, Vermögen, Einkommen, Geschlecht, Bindung.	....
J	Unser Nachhaltigkeitsangebot verlangt unter anderem: Niemand darf wegen des Geschlechts benachteiligt werden. Was bei uns im Falle von Verstößen durch Gerichte entschieden wird, ist in vielen Ländern noch alltägliche Routine. Frauendiskriminierung entspricht dort häufig dem gesellschaftlichen Standard.	....
K	Die EU will bis 2030 ihr offizielles Null-Ziel bei der Bekämpfung des weltweiten Hungers erreichen. Aufgrund der großen Menge an hungernden Menschen ist dies aber fraglich.	....
L	Norwegen ist ein Vorreiter der sauberen Mobilität. Die Skandinavier sind dabei, eine Fluglinie auf Elektroantrieb umzustellen. Die EU-Kommission hat den Weg frei gemacht für dieses Klima-Vorzeigeprodukt.	....
M	Gastronomen sind seit 2023 dazu verpflichtet, bei Speisen zum Mitnehmen Mehrwegverpackungen anzubieten. Das Verknüpfungsgesetz verlangt bei Kunststoffverpackungen eine Recyclingquote von 63 %.	....
N	Die Vielflieger freut es: Die klimafreundliche Bahn ist beim Reisen durch Europa oft teurer als ein Zug.	....
O	Ein EU-Gesetz soll Mitgliedstaaten dazu zwingen, geschädigte Ökosysteme (Wälder, Flüsse, Meere) wieder herzurichten (zu sanieren).	....
P	„Alle Menschen sind frei und gleich an Würde und Rechten.“ So lautet Artikel 1 der allgemeinen Erklärung der Menschenrechte der Vereinigten Nation. Es soll die Korruption und die Bestechlichkeit bekämpft und dem willkürlichsten Handeln von Staaten Einhalt geboten werden.	....
Q	Der Anteil der armen Menschen in der Bevölkerung steigt ständig an. Auch in Deutschland sind besonders Rentner/-innen die Leidtragenden. Immer noch suchen sie die „Tafel“ auf, um sich zu ernähren.	....
R	Der Ausbau der Windkraft steigt. Fotovoltaikanlagen werden staatlich gefördert, ebenso wie Wärmepumpen.	....
S	Gesetz zu Vorsorge für Folgen des Klimawandels. Bundesländer sind beauftragt, systematisch und flächendeckend Strategien zur Klimaanpassung in den Städten und Gemeinden vorzunehmen (z. B. mehr Grünflächen zu schaffen)	....
T	Die UN-Versammlung in New York hat einen Durchbruch beim Naturschutz erzielt. 30 % der Welt soll zukünftig als Schutzgebiete ausgewiesen werden.	....
U	Rauchen in Fahrzeugen wird nicht mehr erlaubt, wenn Kinder und Schwangere im Auto sitzen.	....
V	Aus einer Produktpräsentation: „Kinder Schoko-Bons, das schmeckt nach Spaß“. Aber: je 100 g: 36,6 g Fett, 52,5 g Zucker.	....

Nachhaltigkeit: leider nicht überall

Aufgrund der Umweltbelastung werden norwegische Fjorde für Kreuzfahrtschiffe gesperrt. Auch sie verstoßen gegen das Gebot der Nachhaltigkeit.

Goldmine in Süd-Kivu, Demokratische Republik Kongo. Junge Bergleute an einer Verarbeitungsstelle, wo sie Golderz brechen und mahlen, es mit Wasser mischen und das Gold gewinnen. Die Vermutung liegt nahe, dass die Kinder eine Arbeit verrichten, die mit Nachhaltigkeit wenig zu tun hat.

❶ Nennen Sie fünf Beispiele von vermutlichen Verstößen gegen das Prinzip der Nachhaltigkeit.

- Kinderarmut

Aufgaben zur Wiederholung und Prüfungsvorbereitung

1 Ein Kosmetikstudio nimmt ein Darlehen bei einer Bank auf. Welche Art von Finanzierung liegt hier vor?

a) ☐ Selbstfinanzierung
b) ☐ Umfinanzierung
c) ☐ Kreditfinanzierung
d) ☐ Beteiligungsfinanzierung

2 Wann ist ein Betrieb liquide?

a) ☐ Die ausstehenden Gehälter können gezahlt werden.
b) ☐ Das Geld reicht für die Anschaffung von neuen Friseurgeräten aus.
c) ☐ Die finanziellen Mittel reichen für alle anfallenden Ausgaben aus.
d) ☐ Ein finanzielles Polster ist für Krisenzeiten vorhanden.

3 Wann liegt für ein Unternehmen eine Innenfinanzierung vor? Die benötigten Gelder stammen ...

a) ☐ ... von Banken.
b) ☐ ... von einem Geschäftsfreund.
c) ☐ ... aus Fördermitteln des Staates.
d) ☐ ... aus dem Gewinn des letzten Jahres.

4 Werden Produkte von einem Betrieb zu teuer eingekauft, ...

a) ☐ ... besteht die Gefahr, dass die Artikel keine Käufer/-innen finden.
b) ☐ ... erhöht sich der Gewinn.
c) ☐ ... können die Artikel an den Lieferbetrieb zurückgegeben werden.
d) ☐ ... leidet der gute Ruf des Betriebs.

5 Welche Aussage trifft auf einen Friseursalon als Beispiel eines Dienstleistungsbetriebs nicht zu?

a) ☐ Die Arbeitsteilung ist gering.
b) ☐ Die Leitung erfolgt durch eine Meisterin/einen Meister.
c) ☐ Der Kundenkreis ist anonym.
d) ☐ Die Unternehmensform ist meistens die einer Einzelunternehmung.

6 Welche Aussage trifft auf privat geführte Betriebe zu?

a) ☐ Ihr Ziel ist, die anfallenden Kosten zu decken.
b) ☐ Sie wollen nur angemessene Gewinne erzielen.
c) ☐ Ihr Ziel ist das Wohl der Bürger/-innen.
d) ☐ Sie wollen hohe Gewinne erwirtschaften.

Aufgaben zur Wiederholung und Prüfungsvorbereitung

7 In einer Fachzeitschrift ist zu lesen, dass die Arbeitsproduktivität im letzten Jahr aufgrund der leistungsfähigeren Maschinen um 4 % gestiegen ist. Was bedeutet das?

a) ☐ Ein Lohnanstieg von 4 % wurde für das letzte Jahr ermittelt.
b) ☐ 4 % zusätzliche Friseurgeräte waren erforderlich, um die Arbeit zu erledigen.
c) ☐ Die Leistungen, die pro Arbeitskraft erbracht wurden, stiegen um 4 %.
d) ☐ Die Arbeitskräfte hatten im letzten Jahr eine um 4 % höhere Arbeitsbelastung.

8 Um den Wettbewerb zu überwachen, wurde eine staatliche Stelle geschaffen. Wie heißt diese Stelle?

a) ☐ Wettbewerbsamt
b) ☐ Kartellamt
c) ☐ Gewerbeamt
d) ☐ Ordnungsamt

9 Ein Businessplan (Geschäftsplan) enthält keine Informationen über ...

a) ☐ ... wirtschaftliche Gegebenheiten des zu gründenden Betriebs.
b) ☐ ... rechtliche Rahmenbedingungen.
c) ☐ ... persönliche Eigenschaften der Gründerin/des Gründers.
d) ☐ ... familiäre Verhältnisse.

10 Was bedeutet die Bezeichnung „Firma“? Die Bezeichnung wird gebraucht im Sinne von:

a) ☐ Betrieb
b) ☐ Unternehmung
c) ☐ Name des Betriebs
d) ☐ Geschäft

11 An welcher Stelle der Übersicht ist die Unternehmensform der Unternehmensgruppe falsch zugeordnet?

a) ☐	Gesellschaft mit beschränkter Haftung:	Kapitalgesellschaft
b) ☐	Einzelunternehmung:	Personengesellschaft
c) ☐	Aktiengesellschaft:	Kapitalgesellschaft
d) ☐	Offene Handelsgesellschaft:	Personengesellschaft

12 Vier Baufirmen arbeiten für einige Zeit zusammen, um einen Flughafen zu bauen. Wie nennt man diesen Unternehmenszusammenschluss?

a) ☐ Kartell
b) ☐ Konzern
c) ☐ Trust
d) ☐ Arbeitsgemeinschaft

Aufgaben zur Wiederholung und Prüfungsvorbereitung

13 Wie heißen die Haupt- und wie die Nebenfunktionen eines Betriebs?

Hauptfunktionen: ....

Nebenfunktionen: ....

14 Der Absatz von Erzeugnissen durchläuft im Allgemeinen verschiedene Phasen. Wie heißen diese?

....

15 Erklären Sie den für jedes Unternehmen geltenden Leitsatz: „Wenn ein Unternehmen nicht flüssig bleibt, ist es bald überflüssig."

....

....

....

16 Die Rechtsfähigkeit von natürlichen Personen ...

a) ☐ ... beginnt mit dem 6. Lebensjahr.
b) ☐ ... beginnt mit Vollendung des 18. Lebensjahres.
c) ☐ ... beginnt mit der Geburt.
d) ☐ ... endet mit der Volljährigkeit.

17 Wer ist beschränkt geschäftsfähig?

a) ☐ natürliche Personen von Geburt bis Vollendung des 6. Lebensjahres
b) ☐ natürliche Personen von sieben bis zu 17 Jahren
c) ☐ natürliche Personen von Geburt bis Vollendung des 6. Lebensjahres
d) ☐ Personen über 18 Jahre

18 Wer ist geschäftsunfähig?

a) ☐ Kinder bis zu 14 Jahren
b) ☐ Kinder bis zu sechs Jahren
c) ☐ Jugendliche bis zu 18 Jahren
d) ☐ Jugendliche bis zu 21 Jahren

19 Welchen Preisnachnachlass erhält man für das Bezahlen einer Rechnung innerhalb einer kurzen Frist?

a) ☐ Skonto
b) ☐ Rabatt
c) ☐ Dividende
d) ☐ Bonus

Aufgaben zur Wiederholung und Prüfungsvorbereitung

20 Welche Aussage über Formen von Verträgen ist richtig?

a) ☐ Verträge ab einem Wert von 1.000,00 € müssen schriftlich abgeschlossen werden.
b) ☐ Alle Verträge unter einem Wert von 500,00 € können auch mündlich abgeschlossen werden.
c) ☐ Verträge über den Verkauf von Immobilien müssen immer schriftlich geschlossen werden.
d) ☐ Für die meisten Verträge ist keine Form vorgeschrieben. Empfohlen wird aber, Verträge über einen höheren Wert schriftlich abzuschließen.

21 Ein privater Kreditvermittler (Slogan: „Hausfrauenkredite ohne Bürgen") berechnet für einen Kredit 3 % pro Monat Zinsen. Beurteilen Sie die Wirksamkeit dieses Vertrages.

a) ☐ Der Vertrag ist anfechtbar, weil sich die Kreditnehmerin geirrt hatte, da sie geglaubt hatte, es seien Jahreszinsen.
b) ☐ Der Vertrag ist nichtig, da er wegen Wucherzinsen (36 % Jahreszinsen) gegen die guten Sitten verstößt.
c) ☐ Der Vertrag ist anfechtbar, da eine arglistige Täuschung vorliegt.
d) ☐ Der Vertrag ist gültig, wenn die Kreditnehmerin voll geschäftsfähig ist, da der Vertragsinhalt frei ausgehandelt werden kann.

22 Franziska ist gerade 18 Jahre alt geworden. Sie will sich nun endlich einen gebrauchten Pkw kaufen. Wie ist die Rechtslage?

a) ☐ Sie ist beschränkt geschäftsfähig und muss die Zustimmung der Eltern einholen.
b) ☐ Da sie beschränkt geschäftsfähig ist, darf sie nicht auf Raten kaufen und nur in der Höhe des gesparten Taschengeldes und der Ausbildungsvergütung.
c) ☐ Sie darf den Pkw nur dann kaufen, wenn sie ihn bar bezahlen kann.
d) ☐ Sie darf den Pkw auch auf Raten kaufen, da sie voll geschäftsfähig ist.

23 Was ist Skonto?

a) ☐ Preisnachlass bei Barzahlung (meist innerhalb von zehn Tagen).
b) ☐ Preisnachlass bei Sonderangeboten, wie Räumungsverkauf, Schlussverkauf usw.
c) ☐ Preisnachlass bei der Abnahme einer größeren Warenmenge.
d) ☐ Preisnachlass an Mitarbeiter/-innen.

24 Eine Ware wurde nach acht Wochen noch immer nicht geliefert. Was kann der Käufer machen?

a) ☐ Er muss der Verkäuferin oder dem Verkäufer einen gerichtlichen Mahnbescheid schicken.
b) ☐ Er kann sofort vom Vertrag zurücktreten.
c) ☐ Er muss auf Lieferung innerhalb einer bestimmten Nachfrist bestehen.
d) ☐ Er kann die Ware bei einem anderen Händler kaufen und auf Schadenersatz klagen.

25 Einer Kundin sind nach einer Extension büschelweise die Haare ausgefallen. Die Kundin kann ...

a) ☐ ... Schadenersatz von der behandelnden Friseurin verlangen.
b) ☐ ... Schadenersatz vom Friseurbetrieb verlangen.
c) ☐ ... verlangen, dass die nächste Behandlung kostenlos ist.
d) ☐ ... nichts verlangen, denn es ist ihr Risiko.

Aufgaben zur Wiederholung und Prüfungsvorbereitung

26 Eine Fünfjährige kauft von ihrem Taschengeld eine DVD. Wie ist die Rechtslage?

a) ☐ Der Kauf ist nichtig, weil sie geschäftsunfähig ist.
b) ☐ Der Kauf ist anfechtbar, weil sie geschäftsunfähig ist.
c) ☐ Der Kauf ist anfechtbar, weil sie beschränkt geschäftsfähig ist.
d) ☐ Der Kauf ist schwebend unwirksam, bis die Eltern ihn genehmigen oder ablehnen.

27 Die 20-jährige Maria schließt einen Kaufvertrag über einen gebrauchten Pkw für 1.450,00 € mündlich ab und bezahlt bar. Wie ist die Rechtslage?

a) ☐ Kaufverträge über höhere Summen müssen schriftlich abgeschlossen werden.
b) ☐ Sie kann den Vertrag mündlich abschließen, hat dann aber keine Beweismittel.
c) ☐ Der Vertrag muss notariell abgeschlossen werden.
d) ☐ Einen Pkw kann man nur mit einer öffentlichen Beurkundung (Kfz-Brief) kaufen.

28 Welches ist kein Recht der Käuferin/des Käufers bei mangelhafter Lieferung?

a) ☐ Nachbesserung
b) ☐ Minderung
c) ☐ Wandlung
d) ☐ Einlagerung und Versteigerung der Ware

29 Welches sind keine Rechte der Verkäuferin/des Verkäufers bei Annahmeverzug?

a) ☐ Rücktritt vom Kaufvertrag
b) ☐ Ware einlagern und auf Abnahme klagen
c) ☐ Verzugszinsen und Mahngebühren berechnen
d) ☐ Versteigerung der Ware nach Androhung und Fristsetzung

30 Welcher der folgenden Verträge ist anfechtbar?

a) ☐ Ein 19-jähriger Auszubildender kauft einen gebrauchten Pkw von seinem Meister, da dieser ihm sonst mit Entlassung gedroht hatte.
b) ☐ Wegen eines Tippfehlers bietet ein Elektromeister eine Installation für 5.090,00 € statt für 5.900,00 € an. Damit erhält er den Auftrag.
c) ☐ Eine 19-jährige Auszubildende kauft sich einen DVD-Player für 370,00 €.
d) ☐ Ein Betrunkener verkauft einen gebrauchten Pkw für 20 Bier.

31 Kristin kauft sich eine Schrankwand und baut sie aufgrund einer unverständlichen, schlecht übersetzten Montageanleitung falsch auf. Welche Rechte kann sie gegen das Möbelhaus geltend machen?

Aufgaben zur Wiederholung und Prüfungsvorbereitung

32 Die sechsjährige Karla erbt nach einem tödlichen Unfall ihrer Eltern deren Friseursalon. Begründen Sie, ob dies möglich ist.

....

33 Der Staat unterstützt vergleichende Warentests und Verbraucherberatung. Welche Aufgaben haben diese Tests?

....

34 Welche Aufgabe hat u. a. der Staat in der sozialen Marktwirtschaft?

a) ☐ Überwachung der Unternehmensgewinne
b) ☐ Schutz des Wettbewerbs
c) ☐ Steuerung der Exporte
d) ☐ Planung der Produktionsmengen

35 Welche Wirkung hat es für die Staaten des Euroraumes, wenn die Europäische Zentralbank den Leitzins senkt?

a) ☐ Die Kredite werden billiger.
b) ☐ Die Sparneigung steigt.
c) ☐ Die Güternachfrage nimmt ab.
d) ☐ Die Investitionen gehen zurück.

36 Die Wirtschaftsordnung der ehemaligen DDR war was?

a) ☐ gelenkte Marktwirtschaft
b) ☐ soziale Planwirtschaft
c) ☐ freie Marktwirtschaft
d) ☐ Zentralverwaltungswirtschaft

37 Welches Ziel gehört nicht zu den wirtschaftspolitischen Zielen?

a) ☐ hoher Beschäftigungsstand
b) ☐ stabiles Preisniveau
c) ☐ angemessenes Wirtschaftswachstum
d) ☐ gutes Schulsystem

38 Wer gilt als Begründer der sozialen Marktwirtschaft?

a) ☐ Karl Marx
b) ☐ Konrad Adenauer
c) ☐ Willy Brandt
d) ☐ Ludwig Erhard

Aufgaben zur Wiederholung und Prüfungsvorbereitung

39 Um den Missbrauch der wirtschaftlichen Macht zu überwachen und zu verhindern, gibt es ...

a) ☐ ... das Bundeskartellamt.
b) ☐ ... das Gewerbeaufsichtsamt.
c) ☐ ... das Ordnungsamt.
d) ☐ ... die Industrie- und Handelskammer.

40 Wie kommen in einer freien Marktwirtschaft die Preise zustande?

a) ☐ durch die Produzenten
b) ☐ durch Angebot und Nachfrage
c) ☐ durch das Wirtschaftsministerium
d) ☐ durch das Kartellamt

41 Welche vier Begriffe geben die Konjunkturphasen in der richtigen Reihenfolge wieder?

a) ☐ Aufschwung – Abschwung – Hochkonjunktur – Tiefstand
b) ☐ Tiefstand – Hochkonjunktur – Aufschwung – Abschwung
c) ☐ Aufschwung – Hochkonjunktur – Abschwung – Tiefstand
d) ☐ Hochkonjunktur – Aufschwung – Tiefstand – Abschwung

42 Welcher Konjunkturindikator weist auf eine Rezession hin?

a) ☐ steigende Arbeitslosenzahlen
b) ☐ hohe Steuereinnahmen
c) ☐ steigende Löhne
d) ☐ steigende Preise

43 Welche Hauptaufgabe hat die Europäische Zentralbank (EZB)?

a) ☐ Preisniveau stabil halten
b) ☐ Verwaltung der Staatsfinanzen der Mitgliedsländer
c) ☐ Förderung der Wirtschaftstätigkeit der Mitgliedsländer
d) ☐ Kreditgewährung an Mitgliedsländer

44 In einer Tageszeitung taucht bei der Beschreibung der gegenwärtigen Konjunktursituation der Begriff Rezession auf. Welche Bedeutung hat der Begriff?

a) ☐ Rezession = Hochkonjunktur
b) ☐ Rezession = wirtschaftlicher Abschwung
c) ☐ Rezession = wirtschaftlicher Aufschwung
d) ☐ Rezession = wirtschaftlicher Tiefstand

Aufgaben zur Wiederholung und Prüfungsvorbereitung

45 Sie hören in den Nachrichten, dass es in der Wirtschaft so gut wie keine Arbeitslosen mehr gibt. Diese Information weist hin auf einen/eine ...

a) ☐ ... wirtschaftlichen Abschwung.
b) ☐ ... wirtschaftlichen Tiefstand.
c) ☐ ... Hochkonjunktur.
d) ☐ ... wirtschaftlichen Aufschwung.

46 Was ist Globalisierung?

a) ☐ besondere Form der internationalen Arbeitsteilung
b) ☐ weltumspannender Nachrichtenverkehr
c) ☐ internationale Vereinbarungen zwischen Regierungen
d) ☐ weltweit aufeinander abgestimmte Güterversorgung

47 Wie heißt das Gesetz, das den Wettbewerb schützt?

....

48 Der Staat versucht, einen konjunkturellen Abschwung zu bremsen. Durch welche Maßnahmen kann er das z. B. erreichen?

....

....

49 In einer Fachzeitschrift für das Hotel- und Gastgewerbe ist zu lesen: „Hotels können sich von der allgemeinen wirtschaftlichen Entwicklung nicht abkoppeln: Immer mehr Betriebe bangen um ihre Existenz." In welcher konjunkturellen Phase befindet sich die Wirtschaft?

....

....

akg-images GmbH, Berlin: akg-images 98.1.

Baaske Cartoons, Müllheim: Mester, Gerhard 40.3.

fotolia.com, New York: Blackosaka 47.1; contrastwerkstatt 6.3; ehrenberg-bilder 53.4; Fälchle, Jürgen 46.1; Gregor, Adam 84.1; Jansen, Jan 6.1; JSB31 81.3; Kaarsten 94.1; Kadmy 6.2; Kollidas, Georgios 97.3; mirpic 65.1; orion_eff 97.4; pablobas-agoiti 81.2; SC-Photo 31.2; tezzstock 92.1.

Future Mindset 2050 GmbH, Gehrden: 69.1.

Görmann, Felix, Berlin: 45.1, 47.2, 47.3, 47.4, 49.1, 56.2, 59.1, 60.4, 85.1, 96.1.

Haitzinger, Horst, München: 110.1.

Hild, Claudia, Angelburg: 43.1, 100.1, 100.2, 100.3, 100.4, 100.5, 100.6.

Image & Design - Agentur für Kommunikation, Braunschweig: Kumpe, Birgit 30.1, 31.1, 82.1, 86.1, 86.2, 87.1, 91.1, 99.1.

iStockphoto.com, Calgary: Alina555 53.2; gilaxia 53.3; TommL 81.1.

Kumpe, Bettina, Braunschweig: 9.1, 9.2, 9.3, 9.4, 9.5, 13.1, 16.1, 16.2, 17.1, 21.1, 26.1, 27.1, 27.2, 27.3, 28.1, 29.1, 32.1, 40.1, 48.1, 50.1, 50.2, 50.3, 50.4, 52.1, 54.1, 54.2, 56.1, 57.1, 57.2, 57.3, 60.1, 60.2, 60.3, 67.1, 67.2, 67.3, 67.4, 70.1, 71.1, 72.1, 72.2, 72.3, 73.1, 75.1, 76.1, 78.1, 79.1, 79.2, 83.1, 88.1, 88.2, 89.1, 93.1, 95.1, 97.1, 97.2, 101.1, 102.1, 102.2.

Mandzel, Waldemar, Bochum-Watt.: 106.1.

Nachlass Felix Mussil, Frankfurt am Main: 109.1.

Picture-Alliance GmbH, Frankfurt a.M.: Hans Lucas/Wassenaar, Steven 113.2.

Schöpper, Rudolf, Münster: Universitäts- und Landesbibliothek Münster, N. Schöpper K 12,057 48.2.

Shutterstock.com, New York: Sergey_Bogomyako 113.1.

stock.adobe.com, Dublin: Annas, Karin & Uwe 6.4; Benjamin [,O°] Zweig 33.1; Lund, Jacob 53.1; Simpson, Nicola 42.1, 42.2, 42.3, 42.4, 42.5.

Tomicek/www.tomicek.de, Werl: 40.2, 103.1.

Tonn, Dieter, Bovenden-Lenglern: 51.1.

UNESCO, Paris: CC-BY-SA 3.0 (https://www.unesco.de/bildung/agenda-bildung-2030/bildung-und-die-sdgs) 111.1.